全面‧詳實‧生動‧權威

佛教百科

【歷史卷】

縷述華夏中土佛教興衰派絡

探索釋迦牟尼成佛傳道足跡

業露華◎著

佛教起源於西元前六至五世紀的印度，其創立者為喬達摩·悉達多。大約在西元前三世紀印度孔雀王朝的阿育王統治時期，佛教成為印度的國教，並開始向印度周邊國家發展。佛教從此走向世界，逐漸發展成為一個世界性的宗教。

到了西元十三世紀，佛教在印度已經基本上消亡。佛教雖然在印度漸漸消亡，但在世界其他地方卻得到了發展，特別是大乘佛教傳入中國後，在與中國傳統思想互相交匯融合後，得到了迅速的發展。佛教傳入漢地的時間開始大約是在西元紀元前後，即中國兩漢之際。近年來，隨著佛教研究的深入，關於漢哀帝時佛教正式傳入漢地的說法漸漸被人們接受，一九九八年中國佛教協會進行了大規模的紀念活動，紀念佛教傳入中國二千年。

佛教傳入中國以後，不斷協調著中國社會和中國傳統思想文化的關係，最後形成了具有中國特點的中國佛教，並形成了一些各有特色的中國佛教宗派。中國漢地所傳的大乘佛教還影響到日本、朝鮮半島、越南等亞洲的一些國家和地區，形成了一個所謂「中國佛教文化圈」。因此可以說，佛教雖然誕生於印度，但中國是佛教發展的第二故鄉。

中國佛教有著豐富的歷史和文化內涵。這一點是現在世界上任何一個佛教流行的國家所不能相比的。從佛教的發展歷程和流傳來看，佛教從印度向世界各地的傳播，主要分南傳和北傳兩條路線。南傳佛教以巴利文經典為主，北傳則以梵文經典為主。北傳佛教又可分為漢語系和藏語系兩大支。而中國佛教則包括了南傳和北傳中全部的漢、藏、巴利語三大系統的佛教。

佛教在中國發展二千多年，對中國社會的政治、經濟、思想、文化以及民風民俗等各方面都產生了極為深刻的影響。佛教的思想文化已經成了中國傳統思想文化的一個組成部分，佛教藝術是中華民族藝術寶庫中的瑰寶。當代，正進入一個新的歷史發展時期，在經濟和政治發展的同時，文化發展也是時代賦予我們的使命。文化發展包括繼承和發揚民族歷史上優秀的文化遺產，其中當然包括中國文化中的優秀遺產。我們有責任和義務對祖先留下的這份文化遺產進行整理和研究，使它在今天新社會條件下發揮新的作用。

【目錄】CONTENTS

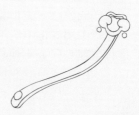

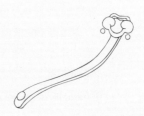

【目錄】CONTENTS

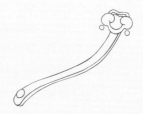

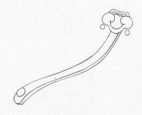

什麼是佛教，創始者是誰？

佛教是由佛陀釋迦牟尼所創立的一種宗教，它包括以下內容：信奉佛的言教，按照佛的教導去體驗和修行的信徒所組成的宗教團體；內容為佛的言教以及闡述和發揮佛的教義思想的佛教經典；信徒所奉行的教規和儀式。佛教將這些概括為佛、法、僧三個最基本的內容。

「佛」是梵語「佛陀」的音譯略稱。中國古代典籍中，「佛陀」一詞又譯作「浮圖」、「浮屠」等。其本意是指「覺者」、「覺悟者」之意，泛指一切「覺悟」了人生真諦，掌握了佛教所說的最高真理，證得了佛教修行的最高境界者。具體則是指釋迦牟尼佛。

「法」，梵文音譯為「達摩」、「達磨」或「曇無」等。「法」一詞包含兩層意思：一是指事物的規範或規律，人們可以透過這些規範或規律，對事物加以認識。另一層意思是指事物的自性或本質，正是由於這些事物的自性和本質，才決定了各種不同事物之間的差異，使世界呈現出多姿多彩的各種形象。因此，從某種意義上來講，所謂「法」，概括了宇宙間一切事物的現象和本質。佛經中經常說的「一切法」、「三世諸法」、「世間法」等，就是這個意思。此外，「法」這個詞在許多場合，就是指佛法，指佛所說的教義理論，也就是人們常說的「佛法」。而佛教的經典，因為記載了佛陀的教法，所以一般也被稱為「法寶」。

「僧」，是指信奉佛法並依法出家修行，並且繼承和弘揚佛教教義的佛教信徒。僧是梵文「僧伽」的音譯略稱，意思是「和合眾」、「法眾」。《釋氏要覽》解釋：「梵語具言僧伽，唐言眾。今略稱僧也。」由此可見，僧的最初意思就是眾。

《中阿含經》中說：「有若干姓異名異族異，剃除鬚髮，著袈裟衣，至信捨家，從佛學道，是名眾。」因此，出家修行的佛弟子被稱為「僧」。

佛教的創始者為喬達摩·悉達多。一般認為他出生於西元前五六五年，逝世於西元前四八六年，約當春秋時期。相傳他自幼受傳統的婆羅門教育，二十九歲時因尋求解脫之道而出家，經過六年苦行，最後終於悟道成佛，並創立了佛教。佛教在印度，大約經歷了原始、部派、小乘、大乘、密教等發展時期。約西元前三世紀，印度孔雀王朝的阿育王時，佛教開始向印度以外的國家和地區傳播，並逐步發展成為一個世界性的宗教。目前世界上信奉佛教的人口有二億多，主要分佈於亞洲各國，近年來歐洲一些國家也有佛教流傳，不過影響不大。

◄ 喬達摩·悉達多是佛教的創始者，修行成道後被尊為「釋迦牟尼」，意為「釋迦」族的「聖人」。圖為清代釋迦牟尼銅像。

佛教的基本教義是什麼？

佛教基本教義有「四聖諦」、「十二因緣」等。相傳佛陀釋迦牟尼在菩提樹下證悟成道，所悟的內容就是「四聖諦」和「十二因緣」。此後釋尊在各種場合又多次宣說「四聖諦」和「十二因緣」，因此「四聖諦」和「十二因緣」是佛教最基本的教義。

佛教的教義學說後來有很大發展變化，但都是在這些基本教義基礎上發展起來的。「諦」是真理的意思，「四聖諦」即意為「四種真實的真理」。這四種真實的真理即指「苦、集、滅、道」四者。佛教認為這四條是人生的絕對真理，因此稱為「四聖諦」。

「苦諦」是指人生的各種痛苦。佛教認為，苦是一種普遍存在的現象。人的一生，從出生到死亡，充滿著各種痛苦和煩惱。佛教修行的最終目標就是要解脫苦對眾生身心的逼迫，佛教的教義理論，也都是圍繞著探究人生為什麼會受此苦，以及如何解脫苦而展開。

「集諦」是指引起痛苦的原因和根據。「集」是招集的意思，能夠產生招感集起苦果的作用，佛教認為，如身心活動與口業相應，必然會招致未來生死之苦，所以稱之為集。一切煩惱惑業，必能招致三途生死之苦果，因此稱為集諦。這些原因和根據，即是人與生俱來的「煩惱」和「業」。「業」通常可分為身業、口業和意業三大類。有情眾生的語言、行為和意識思維活動的結果，能使人產生慾望和煩惱，進而是引起人生痛苦的根本原因之一。

「滅諦」是佛教修行的最終目標。「滅」是熄滅、滅盡之意，即滅除種種煩惱和痛苦之根本後，達到佛教所說的一種不生不滅，解脫與自由的理想的精神境界。佛教認為，這樣的理想境界，應該是永遠沒有任何痛苦和煩惱的纏縛，處於永恆寂靜的精神境界。這樣的精神境界，有的稱之為「涅槃」，有的稱為「擇滅無為」。

「道諦」又稱「道聖諦」、「苦滅道聖諦」等。道諦是指脫離「苦諦」和「集諦」的纏縛，達到「滅諦」這種理想的精神境界所需要的修行方法和實踐道路。這種方法和途徑通常專指「八正道」，其意思就是「八種通向彼岸世界的正確道路和修行方法」。它們是：(一)正見；(二)正思惟；(三)正語；(四)正業；(五)正命；(六)正精進；(七)正念；(八)正定。

佛教認為，世間一切精神和物質現象，都處於一定的因果關係中，依賴某種因果條件而存在，並依靠一定的條件而演變。這種依賴於某種條件而存在、變化的學說，就是「緣起說」。佛陀在解釋緣起關係時，說這一關係為「此有故彼有，此生故彼生。」人生一切現象也是如此，都是互相聯繫、互相依存、互為因果的。佛教以人生問題為中心，把人的一生分為互相關聯、互為因緣的十二個階段，稱為「十二因緣」，或稱「十二緣起」、「十二覺知」等。

十二因緣說是以緣起說來分析人生的生滅變化現象。依照緣起說，人的生命過程，可分為彼此相互作用、互為因果的十二個環節，這十二個環節是：（一）無明（人與生俱來的蒙昧無知）；（二）行（由無知而引起的各種慾望和意志）；（三）識（由慾望和意志引起的人的精神統一體）；（四）名色（由識引起的人的精神和肉體）；（五）六處（指人的六種感覺器官，即眼、耳、鼻、舌、身、意——即心）；（六）觸（指感覺器官與外界事

物的接觸）；（七）受（透過接觸而引起的苦樂感覺）；（八）愛（由感覺而引起的對樂的事物產生的貪愛之心）；（九）取（由貪愛而產生的追求和執著之意）；（十）有（因追求和執著而造成的生死環境）；（十一）生（有了生的環境就有生命的產生）；（十二）老死（有生就必有衰老和死亡）。

這十二個環節構成一個人生因果循環的總鏈條，其中每一個環節都和相鄰的環節構成因果關係。人有生老病死等現象產生，歸根究底是由「無明」引起。因此必須從根本上滅除無明，才能擺脫十二因緣的束縛，進而脫離苦海，解脫輪迴。

◄ 印度教三大主神之一毗濕奴。圖為被自己的化身所圍繞的毗濕奴。

▲ 印度阿旃陀石窟，阿旃陀石窟於西元前二世紀開始修建，西元七世紀中期竣工，前後達數百年之久。阿旃陀石窟共有二十九窟，其中二十五窟為僧房，四窟為佛殿。印度佛教早期提倡於偏遠僻靜之處隱行苦修，因此留下了這些遺跡。

釋迦牟尼是怎樣創立佛教的？

　　佛教的創始人釋迦牟尼，俗名悉達多，姓喬達摩，是古代印度西北部喜瑪拉雅山腳下一個叫迦毗羅衛的地方（在今尼泊爾境內與印度交界的提拉科持）。他的父親是迦毗羅衛的國王淨飯王，母親是摩耶夫人。

　　依中國佛教的史料記載，釋迦牟尼誕生於西元前五六五年，逝世於西元前四八六年，他活了八十歲，與春秋時的孔子差不多是同時代的人。按印度當時的傳統習俗，摩耶夫人在即將臨產之際，必須回娘家去生孩子。就在她回娘家的途中，經過一個叫做藍毗尼的園林，生下了悉達多。摩耶夫人在產後七天去世，悉達多由姨母波闍波提夫人撫養長大。

　　由於出身王族，所以悉達多從小就受到良好的傳統教育。他學過婆羅門教的經典，還練習過騎馬射箭等武藝。他的父親淨飯王希望他長大以後能夠繼承自己的王位，成為一個文武雙全、功勳卓著的英明君主。太子成年後，淨飯王又為他娶了鄰國善覺王的女兒耶輸陀羅為妻，還生有一個孩子，名叫羅睺羅。

　　但是具有獨立思考精神的悉達多太子並未按照他父親的願望成長。舒適優越的生活條件並未使他陶醉而消磨憂患意識，而當時動盪不安的社會狀況更令他感到困惑，現實人生中的生、老、病、死等種種痛苦和煩惱現象，反而使他感悟到世事的無常和人生的變幻莫測，引起

他的感觸和深思。為了擺脫那些束縛人的精神和肉體的種種煩惱，得到完全徹底的自由和解脫，於是在他二十九歲時，他決定出家修行，企圖尋求一條能夠解脫身心痛苦和煩惱的道路。

那是一個夜深人靜的時候，經過深思熟慮的悉達多太子悄悄地離開了對他抱著極大希望的父親和妻子，放棄了他那豪華而舒適的生活，騎上一匹白馬，悄悄地出了王宮。他在一個森林中，脫下華貴的衣服，換上了修行者常穿的簡易服裝，還剃去了鬚髮，以顯示他堅定的出家修行的決心。

淨飯王得知悉達多終於離家出走，無可奈何，只好在親族中派了喬陳如等五個青年作為侍從跟隨他。悉達多出家後，曾先後求學於當時一些著名的思想家和宗教學者，跟從他們學習，但這些前輩學者並沒有解決他所希望解決的問題，他也並未從他們的思想學說中找到自己要尋求的真正解脫之道，於是便先後離開了他們。後來他來到尼連禪河岸邊，與那裡的苦行者一起修起了苦行，以期透過對肉體的磨練來得到精神的自由。

冬去春來，一晃已經過了六年。在六年苦行生活中，他嘗盡了千辛萬苦，然而得到的卻只是枯槁的容顏和羸弱身子，並沒能達到他原先期望的精神解脫。事實使他醒悟：苦行是徒勞無功的。於是他決定放棄苦修。

他走到尼連禪河中，一洗六年的積垢，並接受了一個牧女供養的牛奶，慢慢恢復了體力。當時隨從他多年的五個

◀ 印度泰摩珂陀院蓮花朵塔
▲ 唐代敦煌絹畫樹下說法圖，釋迦牟尼結跏坐樹下，向兩側的菩薩和弟子說法。

侍者見他放棄了苦修，又喝了牧女奉獻的牛奶，以為他失去了信心，放棄了努力，感到十分失望，便離開了他。於是他獨自一人來到尼連禪河邊菩提伽耶附近的一棵菩提樹下，面對東方，舖草打坐，並發誓說：「我今如不能證得無上大覺，寧可粉身碎骨也不起此座。」經過了七天七夜的苦思冥想，在禪定中他戰勝了來自各方面的煩惱魔障，最後終於在一天的黎明時分豁然開朗，徹悟了人生無盡苦惱的根源和解脫輪迴的方法，進而成了獲得無上大覺的佛陀。

釋迦牟尼成佛後，首先來到波羅奈城的鹿野苑，向過去跟隨他的五個侍者宣說自己獲得徹悟的道理。鹿野苑說法是釋迦成佛後第一次說法，在佛教史上稱為「初轉法輪」。這次說法，他闡述人生的苦惱，世事的無常，生死輪迴的無窮無盡；分析了人生之所以產生苦惱的原因，證實涅槃寂靜境界的奧妙和歡悅，並向他們指出解脫輪迴、永離苦海、通往涅槃彼岸的修行之路，這就是佛教所說釋迦成佛後「初轉法輪」時所宣說的「苦、集、滅、道」四聖諦之理。五個侍者隨即投入佛陀門下，成為佛陀最早的五個弟子。鹿野苑初次說法，喬陳如等五人出家為佛弟子，從此，構成佛教的三個基本要素即佛、法、僧「三寶」具備，佛教正式創立。

▼ 印度克拉久霍石窟，雕刻有大量人體雕像。

▶ 五百強盜成佛圖，講述五百強盜作亂被抓，雙目被挖失明，佛以神力使他們復明，五百強盜遂皈依佛教，最終也都修行成佛的故事。

釋迦牟尼一生主要在哪些地方進行活動？

　　佛陀一生中居住時間最多的地方是摩揭陀國的王捨城和拘薩羅國的捨衛城。竹林精舍和祇園精舍是佛教史上最早的兩處精舍，也可說是佛教史上最早的兩座寺院。釋迦在世時經常往來於這兩個精舍，在那裡向弟子敷演佛法。因此這是佛教史上兩個重要的精舍。

摩揭陀國傳教說法時的居處。後來摩揭陀國的國王頻婆沙羅也皈依了佛教，他在那竹園建造了屋舍安置釋迦牟尼及其弟子，於是這個地方便被稱為「竹林精舍」。

與此差不多同時，在拘薩羅國有一位富商，名叫須達多。由於須達多樂施好善，經常接濟和幫助孤獨無助之人，因此被人稱為「給孤獨」。須達多聽說了佛陀的事，非常敬慕，想請釋迦前來傳教。拘薩羅國的都城捨衛城有一個很大

的園林，為王子祇陀所有，於是須達多長者與祇陀商量，想買下王子的園林奉獻給釋迦，希望在迎請釋迦前來弘揚佛法時，便於安頓釋迦及其弟子。當時王子要求他以金磚舖地為代價，須達多果然按王子的要求辦了，祇陀王子便決定與須達多共同把這一林園奉獻給佛陀，以迎請佛陀來此說法。這一園林因是祇陀和須達多共同奉獻，因此就被人稱為「祇陀給孤獨園」，簡稱「祇園精舍」。

除了竹林精舍和祇園精舍之外，在王捨城南的靈鷲山，也是釋迦經常和弟子們說法的地方。根據現有的材料說明，釋迦牟尼創立佛教之後，帶領弟子主要在印度恆河流域活動。他一生宣揚佛教四十五年，基本上是在這一地區遊行教化眾生。釋迦去世後，他的弟子遊化四方，傳教的範圍更廣一些。據斯里蘭卡《島史》、《大史》等記載，佛陀曾到過那兒並留下過遺跡，但這僅是傳說。

◀ 釋迦牟尼像

▶ 佛傳「降魔成道」圖，描繪釋迦降魔成道。佛陀手呈降魔印，上方雲彩之上有三面八臂明王，四周是眾魔軍阻止佛成道向其進攻的場面。畫的兩側分繪各種姿態的佛像，顯示佛法無邊。

什麼是種姓制度，
當時印度有哪些種姓？

　　所謂「種姓」制度，是古代印度社會從原始社會向階級社會進化過程中，由於階級的分化而形成的一種等級森嚴的社會制度。種姓制度本以膚色深淺定種族貴賤，但隨著社會發展和階級分化，逐步演變成為區分社會地位和職業的社會等級制度。

　　「種姓」一詞在梵語中為「Varna」，音譯為「瓦爾那」，因此「種姓制度」有時也稱做「瓦爾那」制度。瓦爾那原有「顏色」、「品質」之意。相傳古代有一支屬印歐語系的所謂亞利安（Arya）人從中亞一帶侵入印度河流域，他們征服了當地土著民族達羅毗荼（Dravida）人，吸收了當地的文明，並在此定居。膚色白皙的雅利安人自以為是高貴的種族，把深色皮膚的達羅毗荼人和其他土著民族一概貶為劣等種族。

　　在古代印度最早的歷史文獻材料《梨俱吠陀》中，就已提到當時社會有地位不同的四個種姓，即：婆羅門、剎帝利、吠舍和首陀羅。

　　婆羅門是祭司階層，是掌握宗教祭祀權的僧侶階級。他們是人神之間的溝通者，亦是社會精神生活的指導者，屬最高等級。其次為剎帝利，是由軍事貴族形成的社會階級，包括掌握軍權的國王和武士階層。他們掌握和管理著國家機器，是統治階級意志的代表人物。本來，祭司和武士並不是特殊的等級，但隨著階級分化和奴隸制度的形成，神權和王權成為統治人民精神和肉體的兩大主要力量，因此這兩個等級逐漸形成了由奴隸主貴族壟斷的職務，成了占統治地位的種姓。其他從事農業、畜牧業、手工業和商業的普通部落村社成員則構成第三等級，即吠舍種姓，他們作為普通勞動者，還保持著人身自由，但被排除在社會公共權力機構之外。首陀羅是四個種姓中地位最低的一個。他們絕大多數是在階級分化和部落戰爭中產生的破產農民，失去村社成員身分或部落關係的人，以及戰爭中的俘虜。他們的社會地位低下，大多為人僕役，也有部分從事農業和畜牧業的。

　　在政治上，婆羅門和剎帝利兩大種姓共同構成統治階級，他們掌握、管理

著人們的社會生活和精神生活。在經濟上，這兩大種姓透過佈施、納稅等形式對吠舍、首陀羅進行剝削。在宗教上，婆羅門、剎帝利和吠舍被稱為「再生族」，他們有資格參加被認為能獲得重生的宗教儀式「再生禮」，而首陀羅種姓則被剝奪了宗教上的重生權，不能參加「再生禮」，因此又被稱為「一生族」。

為了鞏固種姓制度，統治階級為之編造了許多神話，他們宣稱造物之神「梵天」用口創造出婆羅門，用兩臂創造出剎帝利，因此這兩個種姓是高貴的，吠舍和首陀羅則是梵天用兩股和兩腳所造，因此注定是低下的。除此以外，他們還制定許多法律對各種姓之間的社會地位、權利、義務、生活方式等各方面作了詳細的規定，並嚴格禁止首陀羅種姓和其他種姓通婚。

但是到了釋迦牟尼的時代，即西元前六至五世紀，隨著掌握王權的剎帝利和從事於經濟活動、屬於吠舍種姓的一些大商人、工商業者和大土地所有者等勢力的不斷擴大，他們日益不滿婆羅門種姓佔有的至高無上的社會地位。因此，他們有時就聯合起來共同反對婆羅門種姓，使婆羅門種姓的統治地位開始動搖。而釋迦牟尼創立的佛教，則提出「四姓平等」說，認為人人都可以出家修行，而不論其出生於什麼種姓。儘管他的「平等」是宗教方面的，是彼岸的、來世的，但在當時反對婆羅門種姓統治的鬥爭中，具有一定的進步意義。

◀ 印度的婆羅門，印度種姓制度中的最高等級。婆羅門是祭司階層，掌握著宗教祭祀權。

▲ 元代趙孟頫 所繪紅衣天竺僧像，此圖是趙孟頫五十一歲時為天竺僧所作的畫像。畫中天竺僧神態生動，風格渾穆。

原始佛教爲什麼會發生分裂？

釋迦牟尼在不同的時間和場合，根據不同的對象而說不同的道理。而且由於聽受佛法者各自的社會背景和文化背景不一樣，其理解也會產生差異。這種理解上的差異，最後導致了原始佛教的分裂。

印度佛教的歷史，大致可分為原始佛教、部派佛教、大乘佛教三個階段。原始佛教階段，由於釋迦牟尼剛剛去

世，他的弟子大多親聆過佛陀教導，所以在教義、在宗教修行方面以及教團共同生活習慣上大多遵循佛在世時的慣例，沒有什麼重大的爭議。隨著時間的推移，分歧逐漸出現了，並導致了原始佛教的分裂。

關於原始佛教分裂的原因，按照南傳佛教的說法，主要是由於僧眾們在對待戒律問題上的引起的爭執，最後導致了分裂。據說當時東方以毗舍離城為中心的跋耆族僧團，對某些傳統的戒律產生了疑議，他們採取了一些變通的做法，這些做法引起了西方波利族僧眾們的不滿。一名叫耶舍的比丘邀請了西方一些上座比丘到毗舍離集會，對毗舍離僧團一些違反傳統戒律的做法進行裁定，最後判定包括比丘乞受金銀在內的十件事不符合佛法。這次集會，參加的比丘有七百人，所以被稱為「七百結集」。這是佛教史上第二次結集，但這次結集審定的裁決並不為毗舍離僧團比丘所承認，他們另外召開了一個萬人大會以示反對。這樣，在佛教史上產生了第一次公開的分裂，由於「七百結集」的參與者多為上座比丘，所以這一派就被稱為「上座部」，而參加萬人集會的這一派因人數眾多而被稱為「大眾部」。

按北傳佛教說法，原始佛教的分裂是由於對「阿羅漢」果位的不同看法而引起。「阿羅漢」是初期佛教徒修行所追求

的目標，他們認為修行達到「阿羅漢」果，就可斷盡煩惱，解脫輪迴。據說當時有一個名叫「大天」的比丘對「阿羅漢」果位的境界提出了五條不同的看法，他認為「阿羅漢」仍然存在著無知、無明，還未斷盡煩惱，並且還存在著生理上本能的慾望等等。大天的觀點在當時引起了教團極大的震動，但他的那些看法遭到教團內的長老比丘們的極力反對，由此引起了一場大規模的論爭。論爭的直接結果是導致原始佛教的分裂，反對大天的長老比丘們形成了「上座部」，而支持大天一派的比丘則成為「大眾部」。

　　實際上原始佛教的分裂還有著深刻的社會原因。由於佛教已在很多地區傳播，而當時印度各地的社會政治、經濟、文化發展極不平衡，這種不平衡勢必反映到佛教內部。佛教內部各地僧團的比丘們受當地民族、文化和政治、經濟的影響，對佛教的許多教義，特別是對與日常生活密切相關的一些佛教戒律產生不同看法，這是很自然的。這些不同看法加深了佛教內部本來就已存在的矛盾和分歧，最後終於導致佛教僧團公開的分裂。

◀ 釋迦牟尼坐像，釋迦牟尼神情端莊，呈說法狀。

▲ 泰國詩春寺阿查那大佛，詩春寺是泰國歷史上一有名的佛教寺廟。寺內的阿查那大佛高十多公尺，造型生動。另外，詩春寺內的兩側通道立有五十多塊雕刻石碑，是泰國古代的珍貴歷史文物。

「上座部」佛教有哪些派別？

「上座部」佛教在教義方面比較接近原始佛教的一些基本教義思想，在日常生活習慣和僧眾必須遵守的儀規戒律方面，比較嚴格持守傳統戒律儀式而較少變化。上述各部派都有自己尊奉的經、律、論三藏，他們有些只是在一些次要學說上有些細微差別。

　　大約在佛滅一百年以後，統一的佛教教團開始產生了分裂，形成了各種不同的派別，進入了所謂「部派佛教」時期。據佛教史資料記載，部派佛教中最初出現的就是「大眾部」和「上座部」這兩大部派。所謂「上座部」，是因為當時這一部派的代表人物大多是一些上座長老比丘，因而得名「上座部」。

　　「上座部」和「大眾部」對佛教的基本教義如「四聖諦」、「八正道」、「十二因緣」都共同信奉，但在有些問題上的看法卻有較大差異。例如對於客觀世界的有、無、真有、假有問題上，上座部各派偏重於說「有」，也就是相對來說承認客觀世界的物質性因素，即使由因緣關係而產生的「有為法」，上座部有的派別也認為是法體永恆存在，因此主張「三世（過去，未來，現在）實有、法體恆有」。而大眾部各派則偏重於說「空」，對客觀世界的物質性抱否定態度。其他如對待生命個體的主宰，即「我」的問題、對佛陀的看法等方面，各自的觀點也有較大區別。

　　隨著佛教流傳日廣，教團內部存在的各種分歧和矛盾也日益增多，並且各派在一些問題上理解不同。於是在釋迦去世後一百年到四百年間，上座部和大眾部又不斷產生分裂，先後分為十八部或二十部。這一時期，在佛教史上稱之為「部派佛教時期」。關於部派佛教分裂的先後順序、年代以及名稱，佛教各種經典中有各種不同說法。記載部派佛教分派的史料，在南傳、北傳和藏傳佛教中，也有數十種之多。依據北傳佛教的《異部宗輪論》、《部執異論》、《十八部論》等經典中記，由上座部分裂出來的部派主要有：說一切有部、犢子部、化地部等，後來又從各部中再次分裂出法上部、正量部、法藏部、經量部、雪山部等等。

　　在上座部各派中，「說一切有部」是個形成較早、並且是最大的一個派別，而且這一派有豐富的論藏典籍流傳下來，因此可以把這一派的學說作為上座部學說的代表。所謂「說一切有」，是指他們認為世間一切諸「法」都有其自性，因此是一種真實的客觀存在。他們又把佛所說的、散見於各種經典中的零星說法加以系統化，按對客觀世界和人的主觀認識作用歸納為色法、心法、心所法、心不相應行、無為法等五大類，並對其中每一類加以細微的分析，形成五位六十七分法。這對後來大乘佛教「瑜伽行派」的發展有重大影響。

　　上座部佛教原流行在印度北方，「說一切有部」曾經在印度北部和中部佔有優勢。後來上座部傳到南方，特別是在斯里蘭卡島有了較大發展，在那裡形成了「大寺派」。「大寺派」曾一度成為斯里蘭卡佛教的主流。在西元六～七世紀時，

印度本土還有上座部流行，唐代高僧玄奘、義淨去印度時還存在。到後來，印度本土的上座部佛教慢慢絕跡，而斯里蘭卡所傳的南傳佛教成為上座部佛教的代表。現在，除斯里蘭卡外，緬甸、泰國等以及雲南傣族地區流傳的佛教也屬上座部佛教。

▼ 西雙版納曼飛龍塔，由九座白塔組成，坐落在雲南景洪瀾滄江對岸的曼閣佛寺。龕下的岩石上，有一人踝印跡，傳為釋迦牟尼的足跡。

「大眾部」與「上座部」有什麼區別？

「大眾部」各派學說與「上座部」有較大不同，特別與屬於上座部系統的「說一切有部」的學說直接對立。如「大眾派」認為佛陀是神，而「上座部」則把佛陀看做是教主。

「大眾部」是和上座部同時形成的佛教部派之一。相傳在釋迦牟尼去世一百年後，原始佛教內部由於對佛教戒律和教義的不同看法而產生不同派別。最初分裂形成的兩大派即為大眾部和上座部，被稱為「根本二部」。後來又從這兩個根本部派中分裂形成十八部或二十部，稱為「枝末部派」。

部派佛教各有自己的經、律、論三藏。「大眾部」分派後就舉行了三藏的結集。因這次結集參加的人數特別多，因而通常稱為「大結集」或「大眾部結集」。根據南傳佛教的說法，「大眾部」的三藏改動了上座部結集的三藏的內容。特別是在戒律方面，他們做了較大的更動，重新制定了一些經典文獻，變動了經、律的排列秩序。

可惜這些經律現在都已失傳，只有一部叫做《大事》的佛傳還保存著。這部書的內容在漢譯經典《佛本行集經》中還保有一部分。另外，漢譯佛典中的《增一阿含經》和《摩訶僧祇律》被認為是「大眾部」的經律。至於論藏，則出現得較晚，當「大眾部」開始結集經典時還未形成。一直要到「大眾部」發展的最後階段，「大眾部」系統中的「多聞部」出現時，才開始形成。

在對於佛陀的看法上，上座部傾向於把佛陀看做教主，而不是萬能的神，認為對佛的說法也應分別對待。而「大眾部」則著重強調佛的威力，認為佛的威力無邊無際，超出世間的神；凡是佛所說的，都是完滿無缺的，都是絕對真理。他們還認為佛的壽命沒有止境，佛的色身充滿宇宙，等等。另外，在對待客觀事物的有無、真假問題上，上座部各派偏重於說「有」，如上座部的「說一切有部」主張「三世實有，法體恆有」，但大眾部則偏重於說「空」，認為事物的過去和未來都沒有實體。在心性及解脫問題上，上座部一般認為心有染有淨，染心不能解脫；而大眾部則強調「心性本淨」，染心也能透過修行，去染成淨，得到解脫，因而人人有解脫可能。

◀ 印度神話中的克利須那神。克利須那神是毗濕奴（梵天世界的掌管者和繼承者）的另一個化身。

▲ 印尼普蘭班南寺廟群，普蘭班南寺廟群位於印尼爪哇島中部日惹市，因擁有大量佛教和印度教的古建築而聞名於世。普蘭班南寺廟群由二百四十多座廟宇組成，各寺廟的建築結構基本相同，由石塊建成，造型優美。

什麼是大乘佛教與小乘佛教？

大乘佛教與小乘佛教在修行方式、修行目的和佛陀觀等方面有許多不同看法。從分佈情況看，傳入中國、日本、朝鮮、西藏等地的北傳佛教，都是大乘佛教，而傳入斯里蘭卡、緬甸、泰國、柬埔寨，以及雲南傣族地區的南傳上座部佛教是小乘佛教。

接觸過一些佛教的人，經常可以聽到或看到「大乘佛教」、「小乘佛教」這樣的名詞。那麼，究竟什麼叫大乘佛教、什麼叫小乘佛教？它們之間有些什麼區別呢？

所謂「乘」，是梵文ｙａｎａ（音譯「衍那」）的意譯，有「乘載」或「道路」之意。

大約在西元一世紀左右，印度佛教內形成了一些具有新的思想學說和教義教規的派別。這些佛教派別自稱他們的目的是「普渡眾生」，他們信奉的教義好像一隻巨大無比的船，能運載無數眾生從生死此岸世界到達涅槃解脫的彼岸世界，進而成就佛果。所以這一派自稱是「大乘」，而把原來的原始佛教和部派佛教一概貶稱為「小乘」。但是這一稱呼，「小乘」佛教派別本身是不承認的，例如現在緬甸、泰國、斯里蘭卡等國的佛教，一直稱為「南傳上座部佛教」。

大乘和小乘的區別，表現在許多方面。首先，在對於佛陀釋迦牟尼的看法上，小乘佛教一般把他看做是一個教主、導師，是一個達到徹底覺悟的人。大乘佛教則把釋迦佛看做是一個威力廣大、法力無邊、全智全能的神，並且認為除釋迦牟尼外，在三世（過去、現在、未來）十方（東南西北，四維上下）有無數的佛。其次，在修持方法上，小乘佛教主張修戒、定、慧「三學」（透過守持戒律，修習禪定而獲得智慧）、「八正道」（八種正確的思維和行動方法）。大乘佛教則除了「三

學」、「八正道」外，還偏重於修習包括「六度」、「四攝」在內的「菩薩行」。

　　菩薩思想是大乘佛教思想的一大特色。所謂菩薩，即指立下弘大誓願，要救渡一切眾生脫離苦海，進而得到徹底解脫的佛教修行者。大乘佛教徒把釋迦牟尼成佛以前的修持階段，即在修習「菩薩行」的階段作為自己修行的榜樣，因此大乘教徒主張可以在家修行，並不強調一定要像小乘佛教徒那樣需要出家修行，這也是大乘和小乘的重要區別之一。大乘教徒把菩薩的修行方法概括為「六度」、「四攝」。「六度」是指佈施、持戒、忍辱、精進、禪定、智慧，他們認為這六種方法是能夠脫離生死苦海，達到涅槃彼岸的通道。「四攝」是指大乘佛教徒在日常生活和活動中，在與他人相處時需要遵守的四個原則，具體是指佈施、愛語、利行、同事，大乘佛教認為這是菩薩救渡眾生時所應遵守的原則和方法。為了與小乘教相區別，大乘教徒把自己的思想學說稱之為「菩薩思想」，把自己的修行實踐稱作「菩薩行」，把自己所遵奉的戒律稱之為「菩薩戒」。

　　在教義學說上，大乘佛教與小乘佛教之間的重要區別是：小乘佛教一般主張「我空法有」，即否定個人的主觀精神主體，但對客觀世界的否定卻不徹底，部分小乘佛教派別則透過「分析」的方法來否定客觀事物，實際上卻承認事物的基本組成因素「極微」的存在，帶有唯物思想傾向。大乘佛教則通常主張「人法兩空」，既否定人的主觀精神主體，也否定客觀事物的存在，他們認為關於客觀事物「空」的認識並不是透過「分析」方法得到的，而是「緣起性空」，即一切「法」都是由因緣和合而成，不存在本質實體，因而是「空」。事物現象的存在只不過是一種虛幻的假象而已。「性空幻有」，這是大乘思想，特別是早期大乘思想的一個重要特點。另外在修行目標上，小乘佛教把證得「阿羅漢」果位作為修行的最高目標。而大乘佛教則以「普渡眾生」為修行宗旨，以成佛作為最高的修行目標。

◀ 唐代敦煌繪畫引路菩薩圖。圖中描繪的是菩薩為亡靈引路升天國的場面。在小乘佛教中，只崇拜釋迦牟尼，沒有菩薩等其他神靈。

▲ 柬埔寨吳哥窟遺址，吳哥窟建於西元十二世紀，當時高棉文明高度繁榮。柬埔寨人民自古信奉小乘佛教，與泰國、寮國等東南亞國家情況相同。

什麼是中觀派，代表人物是誰？

「中觀派」亦稱大乘空宗，是印度大乘佛教發展過程中產生的一個派別，它與「瑜伽行派」一起被稱為大乘佛教的兩大派別。龍樹創立的大乘佛教「中觀學派」，在西元四世紀時傳到了中國。中觀學派的思想學說對中國佛教的很多宗派，如三論宗、天台宗、華嚴宗、禪宗等都產生過重要影響。

大乘中觀學派的創始人，是龍樹及其弟子提婆。龍樹亦稱做龍猛，龍勝，是南印度人，出生於一個婆羅門家庭，少年時即通曉婆羅門經典，成為當時著名的青年婆羅門學者，後來皈依佛教，學習了大量的大乘經典，豐富了他的思想理論。與此同時，他創立中觀學說，廣泛宣傳他的思想。在南印度，他教化了原來信仰婆羅門教的國王，使之皈依佛教，並得到該國國王的大力支持。於是，大乘中觀學派開始興盛。

為了宣傳中觀學說，龍樹寫了很多論著。其中主要有《中論》、《十二門論》、《大智度論》、《十住毗婆沙論》等。這些論著，詳細闡述了大乘佛教般若學說所宣揚的關於「空」的思想。佛教般若學所謂的「空」，並不是指一無所有的虛無之空，而是指一種沒有客觀實體，不可用語言文字表達的狀況。中觀學派認為，只有這樣一種空的狀態，才是宇宙萬物的真實本性。龍樹又提出了「真俗二諦」的說法。他認為，佛陀說法時，按聽

眾的不同理解能力進行敘述，對一般世人的聽眾就從「俗諦」入手，承認世界一切事物現象的存在，即從世俗的認識能力看（俗諦），宇宙萬有（諸法）的表相是「有」。但對於那些已經滅除佛教所說的「無明」，具有佛教的直覺「現觀」能力的人，則說「真諦」，即破除對「有」的假相的執著，顯現事物「空」的本質之真性。他認為眾生只有從「俗諦」入手對事物進行認識，才能掌握「真諦」，真、俗二諦是同一事物的兩個方面，對任何事物來說，從「俗諦」看是「有」，從「真諦」觀察則是「空」。即空即有，真俗不二，這就是「中道正觀」，因此這一派學說思想被稱為「中觀學派」。

為了進一步闡述大乘空宗的這種思想，龍樹又提出不生、不滅、不常、不斷、不一、不異、不來、不出的「八不中道」說。「八不中道」說是「中觀學派」觀察事物的方法，依據這種方法觀察，任何事物都是處於相對矛盾之中，因而都是不確定、不真實的，因而也是無自性的，所以也是「空」的。

◀◀ 古印度史詩《羅摩衍那》插圖：羅摩與弟弟拉克斯曼一起尋找被惡魔拐走的妻子西塔。羅摩是印度教三大主神之一毗濕奴的一個化身。
◀ 印度約西元十四世紀的四臂濕婆立像。濕婆是婆羅門教信仰的三大主神之一。

什麼是瑜伽行派，代表人物是誰？

五、六世紀，是印度大乘佛教瑜伽行派形成、發展的時期。瑜伽行派學說在發展過程中又形成以難陀、安慧為代表的「唯識古學」和以陳那、護法為代表的「唯識新學」。到七、八世紀，印度密教興起後，此派逐漸衰弱。

中觀學派興起以後約二百年，即到西元五、六世紀時，大乘佛教內又出現了一個新的學派，這就是由無著、世親創立的「瑜伽行派」。瑜伽一詞的梵文原意為「相應」，本來是古代印度的一種宗教修行方法。佛教用來表示以調息、靜慮而達到攝心修慧的宗教修行。無著、世親創立的這一派因特別強調瑜伽修行方法，所以被稱為「瑜伽行派」。

無著和世親是兄弟。他們是五世紀時北印度犍陀羅人，屬婆羅門種姓。他們先是在小乘說一切有部出家，世親曾著有《俱舍論》一書，根據自己的觀點，概括和闡述了小乘佛教說一切有部的教義。後來，無著在中印度從瑜伽論師改信大乘教義，弘揚《瑜伽師地論》、《金剛般若波羅蜜經論》、《辨中邊論》、《大乘莊嚴經論》等大乘論著。

無著和世親的著作有很多，其中有八部被認為與構成「瑜伽行派」的學說有密切關係。這八部著作在印度被歸為一類，稱為「無著八支」。據說因世親的學說是受無著的啟發，所以兩家的重要著作都歸之於無著名下。這八部書是《二十唯識論》、《三十唯識論》、《攝大乘論》、《大乘阿毗達磨集論》、《辨中邊論》、《緣起論》、《大莊嚴經論》、《成業論》。

無著、世親創立的「瑜伽行派」的基本思想，就是極力論證世界萬物是由「識」所變現。所謂「識」，這裡泛指一切精神現象，即人的思維、認識作用以及產生這種作用的「心」的特殊功能。瑜伽行派把人的「識」分為八種，這八種「識」又可分為三類：第一類包括眼識、耳識、鼻識、舌識、身識、意識六種。這六種識是人的感覺、思維作用和能力。第二類即第七「末那識」，這是聯繫前六識和第八識的橋樑。第八識叫做「阿賴耶識」，在八識中最為重要。阿賴耶識內藏有能變現萬物的潛在功

能，這種潛在的功能被稱為「種子」，所以第八識又被稱為「藏識」。瑜伽行派學說認為：在八識中，前六識作用的對象，即是「種子」所變現。由此可見瑜伽行派所說的認識功能，是眾生內在的認識，即前六識對第八「阿賴耶識」中所藏的「種子」的認識，因此這是一種自我認識，是一個封閉的體系。由此，他們得出「三界唯心、萬法唯識」的結論。

瑜伽行派根據「萬法唯識」的道理，又用遍計所執性、依他起性、圓成實性這「三自性」解釋一切認識現象。又用相分、見分、自證分、證自證分這「四分」來進一步分析認識的職能和作用。他們把宇宙萬有的一切物質和精神現象概括為五大類，一百個要素，稱為「五位百法」，進而進一步完成了佛教的名相分析系統。瑜伽行派在

闡述和論證其思想體系的同時，發展了佛教邏輯「因明」學。

大約在南北朝時，瑜伽行派的思想學說逐漸傳入中國。唐代，玄奘法師自印度回國後，大量翻譯介紹了這一學派的著作，還依據這一學派的思想建立了中國佛教宗教之一的「法相宗」。因「法相宗」的教義學說核心之一為「萬法唯識」，所以又稱為「唯識宗」。「法相宗」在唐代曾經盛極一時，並傳入了朝鮮、日本。

◀ 濕婆瑜伽坐姿。印度神話中三大主神之一的濕婆以瑜伽冥想的姿勢坐在蓮花寶座上。作為毀滅者，他頭上環繞著火焰。

▲ 做瑜伽的印度僧人。瑜伽意為「相應」，佛教用來表示以調息、靜慮而達到攝心修慧的宗教修行。

什麼是密教，它有什麼特點？

　　大約七世紀起，印度佛教開始走向衰弱。特別是大乘佛教「瑜伽行派」的學說理論過於經院化，非常繁瑣複雜，很難為一般百姓理解和接受。在這種情況下，大乘佛教為了吸引群眾，不得不吸收當時印度教的一些教義和形式，進而形成了印度佛教中的密教。

　　印度教由婆羅門教演變而來，它融合了印度社會流行的其他民間信仰，並吸收了佛教、耆那教的思想內容。印度教繼承了婆羅門教吠陀經典之權威，崇拜被作為最高實在的「梵」。其崇拜形式主要是祭祀、供養、持咒，等等。後來又出現了公然提倡性慾，主張借性力達到解脫的性力派。這些對密教的形成和發展都有一定的影響。

　　密教自稱受法身佛大日如來的「真實」言教，是大日如來的秘密傳授，所以稱為「密教」。它的主要特徵，是有高度組織化的各種咒術、壇場、儀軌等，它對設壇、供養、誦經、唸咒、灌頂等宗教儀式有極為嚴格的規定，形式相當複雜，不是教內之人絕不外傳。

　　密教的主要經典，有《大日經》、《金剛頂經》、《密集經》、《喜金剛經》、《時輪經》、《蘇悉地經》等。密教出現後，曾一度盛行於印度的西南部和德干高原等地區。早期的密教融合了中觀、瑜伽行派的思想作為其理論基礎，發展到後來，出現了一些左道密教，他們的修行方法更強調「方便」，拋棄了原先的理論學說，較多地接受了印度教性力派的影響。從此，印度的佛教開始走下坡路。

　　唐開元年間（七一三～七四一年），印度僧人善無畏、金剛智和不空先後來到長安，將密教的經典和學說傳入中國，逐漸發展成為中國佛教宗派之一的密宗。密教的一支傳入中國西藏地區後，與西藏地區原先的民族宗教「苯教」相結合，形成具有西藏民族特色的藏傳佛教，並發展成為噶當派、噶舉派、寧瑪派、薩迦派、格魯派等許多派別。

◀ 印度教神話梵天的降生。毗濕奴躺在巨蛇身上，漂浮水面，肚臍上長出一朵蓮花。梵天從毗濕奴肚臍的蓮花中降生。

佛教史上有幾次重大結集？

所謂「結集」，有集合、會誦的意思。即佛教徒經過集合聚會，將佛陀所說教法經過會誦、整理、確認，形成佛教經典。當時，佛經的傳授只憑口頭傳誦，心口相傳。光憑記憶容易產生誤差，因此過一段時間後，需要大家集合在一起，由一些博聞多見的佛弟子口誦佛陀所說之言教，由其他一些上座比丘加以印證，這樣就成了佛經的「結集」。

在佛教史上，比較重要的結集，通常認為共有過這麼幾次。第一次結集，是在釋迦牟尼逝世後不久。這次結集相傳共有五百上座比丘參加，由釋迦牟尼的大弟子摩訶迦葉主持，結集的地點是在王舍城外的七葉窟。這次結集的目的是把佛陀一生所說言教誦出，以傳後世，讓大眾遵循。當時由佛的堂弟，也是佛的大弟子之一，被稱為「多聞第一」的阿難陀誦出佛所說的「經」，由另一位弟子優婆離誦出佛陀為僧伽團體所制的律儀戒規，由此形成佛教的「經」和「律」。

第二次結集發生在大約佛滅百年之後。這次結集的直接起因是佛教僧團中對於戒律問題的不同看法而引起的爭論。據說當時印度東部跋耆族僧團中的一些比丘對傳統戒律提出了一些新的主張，遭到以耶舍長老為首的上座部長老比丘僧團的反對。耶舍長老於是召集了七百上座僧眾在毗舍離地方舉行了大規模的經典結集，對經、律的內容進行重新確定，以便統一認識。這次結集參加者有七百人，所以稱為「七百結集」，又因為這次結集的地方是在毗舍離地方，所以又稱為「毗舍離結集」。「七百結集」確定了跋耆族僧團中流行的十件事不符合佛法，這些決議引起了跋耆族僧團比

▲ 尼泊爾的佛塔。尼泊爾是世界著名的佛教聖地，佛教創始人釋迦牟尼即誕生於迦毗羅衛的藍毗尼（今尼泊爾南部提勻拉科附近的洛明達）。

丘的反對，反對者另外針鋒相對地舉行了一次集會，也用會誦的辦法對經、律進行核定，確定十件事為合法。由於這次集會的參加者多達萬人，因此被稱為「大結集」，又因為參加這次結集的多為大眾比丘，所以又稱為「大眾部結集」。

第二次結集之後，統一的佛教教團分裂成為「上座部」和「大眾部」兩大派。

關於第二次結集的情況，北傳佛教的說法則略有差別。據北傳佛教經典《異部宗輪論》記，第二次結集是因為有個叫大天的比丘提倡異說，特別是對「阿羅漢」果位的看法不同，即所謂「大天五事」，由此引起了爭執，導致第二次結集的產生。

第三次結集據南傳佛典記載，發生在佛滅後二百三十五年之際，即古印度孔雀王朝的阿育王統治時期。阿育王是印度孔雀王朝第三代國王。阿育王統治的年代大約在前二六八年至前二三二年。在阿育王統治時期，孔雀王朝成為印度歷史上第一個統一的大帝國。據佛教資料記載，阿育王即位之初，暴虐嗜殺，在他即位第九年，發動了一次規模巨大的戰爭，以武力征服了羯陵伽國。殘酷的戰爭場面觸動了阿育王，在此次戰爭之後阿育王宣佈皈依佛教，並大力扶持佛教發展。據說他在全國修建了數萬座佛舍利塔，大量施捨佛教僧團，供養數萬的僧眾。相傳僅在雞園寺一處就供養上萬僧眾。由於佛教在他的護持下發展迅速，以致當時許多非佛教的外道也混雜其中，佛教教義被攪亂。為了肅清外道影響，重新整頓佛教僧團和佛教教義，於是在阿育王支持下，由目犍連子帝須主持，召集一千比丘眾參加，對佛教三藏，主要是上座部的三藏進行重新會誦、確認。這次結集後，由阿育王派遣傳教師分赴印度各地以及周邊地區宣教，所到之地，有緬甸、斯里蘭卡以及中亞、西亞的一些國家和地區，從此佛教漸漸傳播於世界各國。

第四次結集發生在佛陀去世後約四百年，即大約西元一世紀左右，大月支貴霜帝國的迦膩色迦王統治時期。迦膩色迦王是印度歷史上繼阿育王之後又一位著名的護持佛教的國王。在他統治時期，部派佛教經過不斷發展，已經產生了許多派別，迦膩色迦王接受了脅尊者的建議，在迦濕彌羅（今克什米爾一帶）舉行了一次佛教經典的結集。這次結集由脅尊者主持，以世友為上座，共有五百人參加。這次主要是論藏的結集，相傳迦膩色迦王命人以赤銅為鍱，鏤寫論文，建塔封藏，以傳後世。

第五次結集發生在近代緬甸。一八五七年，在緬甸貢榜王朝的明頓王主持下，召集了兩千多名上座僧人，在首都曼德勒舉行了一次盛大的結集，這次結集以律藏為中心，對巴利文經典原文進行校勘和考訂。這次結集歷經五個月才完成。這次結集的經文被全文銘刻於七百二十九塊方形石塊上，全部碑文現在還保存在曼德勒的一個博物館中。

第六次結集發生在一九五四至一九五六年，這次結集是緬甸聯邦政府為紀念釋迦牟尼逝世二千五百年而發起。結集地點在仰光北郊五公里處的一座山崗上。參加這次結集的有緬甸、柬埔寨、斯里蘭卡、印度、尼泊爾、泰國等各國的上座比丘兩千五百人。這次結集以第五次結集所校勘的經文為依據，並參考了其他國家的各種巴利文版本，對巴利文三藏進行了嚴密的核校。這一次結集完成的大藏，是目前為止最完善的巴利文《大藏經》。

◀ 印度佛教雕像

阿育王對佛教的傳播有何貢獻？

阿育王又名「阿輸迦」(Aasoka)，意為「無憂王」，是西元前三世紀左右時期印度摩揭陀國孔雀王朝的第三代國王，阿育王的祖父旃陀羅芨多是孔雀王朝的創立者。在佛教史上，阿育王是個著名的護法大王，印度佛教到了阿育王時代，才真正開始走向世界。

西元前二七三年，阿育王繼位，成為孔雀王朝的君主。在繼位之前，阿育王曾被他的父親賓頭沙羅派作呾羅地方的總督，因此具有一定的統治經驗。他繼位後，繼承父業，不斷進行征服戰爭，最後使摩揭陀國成為一個北起喜馬拉雅山，南到邁索爾，東自阿薩姆西界，西抵興都庫什山的幅員遼闊的軍事帝國，在印度歷史上第一次成為一個統一強大的國家。

阿育王即位之初，對外利用軍事力量進行征服戰爭，對內則殺戮大臣，甚至自己的兄弟姐妹。據說在西元前二六一年，阿育王曾率軍征服南印度的羯陵伽國，獲戰俘十五萬多人，殺了十萬人。在慘酷的戰爭之後，阿育王宣佈放棄武力征服的辦法，皈依佛教。實際上除了佛教之外，當時他對境內各種宗教，包括婆羅門教、耆那教等都加以保護，極力利用各種宗教安撫在他統治下的各族臣民，對於佛教則更是特別大力扶持和宣揚。他在帝國境內許多地方開鑿巖壁，樹立石柱，上面刊刻詔令，宣稱「以法勝，是為最勝」，主張以佛教征服人心。這些刻有阿育王法敕的摩崖石刻和石柱，有些還留存至今，成為研究古代印度歷史極為重要的資料。

在阿育王的大力扶植下，佛教在當時實際上處於摩揭陀國的國教地位。他以大量金錢資助佛教的發展，派遣了許多傳教僧人到全印度以及周邊國家和地區去弘揚佛法，相傳他還把佛舍利分散到各地，在各地同時興建了許多佛塔供奉舍利，供人瞻仰崇拜，以擴大佛教的影響。他的兒子摩哂陀(Mahinda)和女兒僧伽密多(Sanghamitta)先後出家，並相繼率人南下斯里蘭卡島，把佛教傳入了斯里蘭卡。他在政府內設置了「正法大官」執掌宗教事務，巡迴各地，宣傳佛法。他還曾經在首都華氏城召集了許多佛教僧侶，由上座部長老目犍連子帝須主持，舉行了佛教史上有名的第三次「結集」，編纂、校訂和整理了當時流行的佛教經典，處理了佛教內各派之間的爭論。

由於阿育王的大力支持和幫助，佛教在此時有了很大的發展，並開始在印度以外一些國家和地區如緬甸、斯里蘭卡以及中亞、西域一帶得到傳播。阿育王本人也被後世的佛教徒尊為護法大王。

▶ 泰國曼谷的舍利塔。泰國盛行小乘佛教，有著良好的佛教文化傳統。

迦膩色迦王在佛教史上有何影響？

　　迦膩色迦王是古代中亞貴霜王國的第三代國王。在迦膩色迦王統治時期，佛教藝術也有了極大的發展。印度的佛教藝術和希臘雕塑藝術逐漸融合，出現了佛像雕塑，在藝術風格上也帶有濃厚的希臘色彩，表現了東西方文化的結合。這種帶有希臘風格特點的藝術形式，被稱為犍陀羅藝術。

　　貴霜王國由大月氏人所建。月氏人最初居於我國甘肅、祁連山一帶，西元前二世紀初被匈奴擊敗後西遷，後來又遭烏孫攻擊，不得不再度西遷，來到阿姆河流域一帶，即今阿富汗、烏茲別克一帶。月氏人來到這裡後，征服了原居在阿姆河上游的大夏，開始在這裡定居。

　　進入大夏的月氏人分為休密、雙靡、貴霜、肸頓以及都密五個部分，稱為「五部翕侯」。大約在西元一世紀上半葉，五部翕侯中的貴霜侯丘就卻攻滅了其他四部，自立為王，建立了貴霜帝國。

　　貴霜帝國到了迦膩色迦王時代（約七八～一二○年，一說約一二○～一六二年），勢力進一步擴展。迦膩色迦王西侵安息，在北印度的勢力已達到恆河和印度河流域，形成一個以弗樓沙（今巴基斯坦白沙瓦地區）為都城，西起鹹海，東至蔥嶺的中亞大國。

　　與此同時，佛教在貴霜帝國境內迅速發展。迦膩色迦王本人是個熱心的佛教信奉者。據佛教資料記，迦膩色迦王在處理完國家事務後，每有空閒，經常覽讀佛經，還在國內到處建立寺院寶塔。如在都城附近所造的「雀離大塔」，據東晉時西行的僧人法顯記載，此塔高達四十餘丈，由各種寶物裝飾，顯得壯麗威嚴，是法顯西行時所見諸塔廟中最為壯觀的一座。後來唐代玄奘法師去西域時，還見到這座巍峨壯觀的寶塔。更重要的是，迦膩色迦王時代建造的佛塔在形式方面改變了原來印度佛塔的復缽式造型，創建了五層樓式佛塔樣式，使

之更具有裝飾性和實用性，這是佛塔建造形式上的一次重大改革，對中國佛塔的建造形式也產生了極大的影響。

當時佛教部派繁多，各派眾說紛紜，莫衷一是。迦膩色迦王下令四方遠近著名僧人約五百人集合，由「說一切有部」的著名論師脅尊者主持，以世友尊者為上座，討論佛法奧義，重新宣明「三藏」，這就是佛教史上所說的「第四次結集」。當時西北印度主要流行小乘佛教「說一切有部」，所以這一次結集實際上是一次「說一切有部」經典的結集。這次結集前後歷時十二年，編述了論頌三十萬，約九百多萬言，其中最主要的一部叫《大毗婆沙論》，是「說一切有部」的一部巨著。迦膩色迦王命人以赤銅錘成薄片，將論文鏤寫在銅片上，然後建塔封藏，使「說一切有部」典籍得以比較完整地保存下來。

◀ 十八世紀印度耆那教銅像，代表精神的解脫。耆那教是印度本土的宗教之一。

▼ 尼泊爾印度教塔。印度教是尼泊爾的國教，但藏傳佛教等在尼泊爾也有一定數量的信眾。

南傳佛教與北傳佛教有何區別？

　　所謂「南傳佛教」和「北傳佛教」，是按佛教從印度向外傳播的方向而稱的。就教義而言，「南傳佛教」主要是「上座部佛教」，也就是通常所說的「小乘佛教」。與南傳佛教相對，北傳佛教主要是「大乘佛教」。

　　在有關佛教傳播的書籍中，我們常可以看到「南傳佛教」和「北傳佛教」的說法。那麼什麼是南傳佛教，什麼是北傳佛教，它們之間又有什麼區別呢？

　　佛教在向世界各地傳播時，一開始主要有兩條路線，一條是從印度向南傳入斯里蘭卡、泰國、緬甸、柬埔寨、寮國等國家和中國的傣族地區，這些國家（地區）的佛教就統稱為「南傳佛教」。就教義而言，「南傳佛教」主要是「上座部佛教」，也就是通常所說的「小乘佛教」。另

一條是從印度北部傳入中亞地區，然後經過中亞、西域地區，傳入中國，再由中國傳入朝鮮、日本、越南、西藏和國等。這些地方的佛教統稱為「北傳佛教」。

　　從佛教經典的語言文字來看，南傳佛教主要依據巴利文經典，因此又稱做「巴利語系佛教」。巴利語原來是古代印度社會中流行的一種大眾語言，相傳佛陀就是用這種語言對大眾說法傳教的。流傳到斯里蘭卡的佛教經典就是用這種

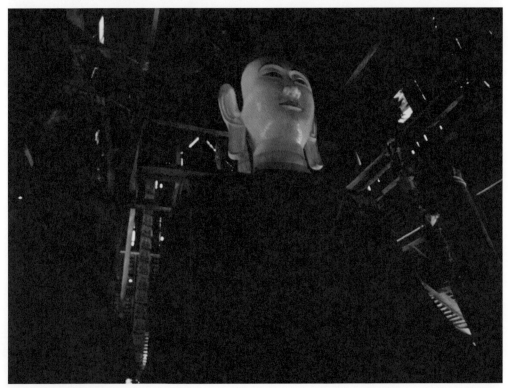

語言傳播的，一開始並無以文字書寫的經典，到大約西元前一世紀，當時斯里蘭卡的統治者無畏波陀伽摩尼王召集了僧眾在大寺勘定佛教三藏，用斯里蘭卡通行的僧伽羅文音譯巴利語書寫，這是最早的巴利語經典。西元五世紀，摩揭陀國三藏法師覺音來到斯里蘭卡，重新用僧伽羅文字整理編寫巴利文三藏，這就是現在流行的巴利語佛典的原型。後來，緬甸、暹羅、泰國等也都以他們本國的字元音譯記錄巴利文三藏。

北傳佛教主要依據梵語經典，所以又稱為「梵語系佛教」。梵語原為古印度貴族階層內流行的一種「雅語」，在佛陀釋迦牟尼的時代，這種語言只在印度社會貴族階層的一部分人中使用。後來，經過文法學者波爾尼詳為釐訂，才開始逐漸在印度一部分地區流行。梵語佛教經典大多流行於印度北方，後來又傳入中亞、西域地區。

北傳梵語系佛教傳入中國以後，又發展成為漢語系佛教和藏語系佛教兩大系統。漢語系佛教流傳於中國廣大漢族地區以及朝鮮、日本、越南等地，使用的經典主要是漢文《大藏經》。藏語系佛教主要流傳於藏、蒙、土、羌、裕固等少數民族地區以及蒙古、俄羅斯的西伯利亞地區以及中亞一些國家和地區。現在世界

上出現的各種語言文本的佛教經典主要來源於巴利文、漢文和藏文這三個系統的佛教典籍。

◀ 雲南西雙版納大猛龍傣族緬寺中的佛像。

▶ 清代南傳佛教鎏金銅佛坐像。

佛教何時傳入斯里蘭卡？

　　佛教傳入斯里蘭卡的時間，據《大王統史》記載，是在斯里蘭卡第六代國王天愛帝須（約西元前二四七～二○七年或前三○七～二六七年）在位時。

　　斯里蘭卡原名錫蘭，是南印度洋上的一個島國。在中國古代史籍中，曾經將斯里蘭卡稱為「獅子國」，或「僧伽羅國」。斯里蘭卡與印度一海相隔，地理上十分接近。受印度佛教的影響，其國人民絕大部分信奉佛教，是個佛教國家。斯里蘭卡佛教與緬甸、泰國、柬埔寨佛教有密切聯繫，都信仰南傳上座部佛教教義。可以說，斯里蘭卡兩千多年的歷史和文化發展，與佛教有著不解之緣。

　　孔雀王朝阿育王統治時期，佛教在印度非常興盛。在阿育王支持下，舉行了佛教歷史上的第三次經典結集。阿育王又派遣傳教師分赴四方傳播佛教教義。也就是在此時，阿育王的一個兒子（一說兄弟）摩哂陀長老帶了一批人，渡海來到了錫蘭島。他們上島後，在離王國首都不遠的密興多列聖山處，遇上了正在打獵的天愛帝須國王，他們向國王宣傳佛教教義，不久，天愛帝須就信奉了佛教。從此以後，佛教在斯里蘭卡很快地發展起來。大約兩個多月後，整個王城及附近的人民都接受了佛教信仰，並且很快向全國傳播。

天愛帝須王信奉佛教以後，為摩哂陀長老建立了一座寺院，稱為「大寺」，這是斯里蘭卡第一座佛教寺院。據說當時國王的弟弟，宰相的兄弟，以及一些貴族也相繼帶了一批人出家修行，成為斯里蘭卡最早的佛教僧侶。與此同時，斯里蘭卡也有一些婦女要求出家，但按照佛教戒律，比丘不能傳授比丘尼戒，為此阿育王又派了他的女兒僧伽密多長老尼帶了十一位比丘尼到達斯里蘭卡，建立了斯里蘭卡第一個比丘尼僧團。據說僧伽密多動身離開印度前，還帶了相傳是釋迦牟尼在其下成道的那棵菩提樹上折下來的幼枝，栽在斯里蘭卡大寺的林園內。這棵樹據說直到現在還活在那兒，相傳這是世界上有歷史可考的最古老的樹之一。斯里蘭卡人民把它看做是國寶，對之表示極大的尊崇。

由於摩哂陀和僧伽密多等人的努力活動，斯里蘭卡的國王、貴族等統治者率先信奉佛教，並保護佛教發展。當地統治者的大力支持和信奉，使佛教很快便在斯里蘭卡流傳，成為人們普遍信奉的宗教。據研究斯里蘭卡歷史的專家認為，佛教之所以能這樣快的在斯里蘭卡島流傳，還有地理與語言上接近等原因。

◀ 斯里蘭卡首都可倫坡市內的一座佛像。佛教是斯里蘭卡的國教，佛像隨處可見。
▲ 斯里蘭卡佛寺。斯里蘭卡是傳統的佛教國家，信奉南傳上座部佛教。圖為斯里蘭卡中部山區肯地的一座著名佛教寺廟。

佛教何時傳入緬甸？

　　根據斯里蘭卡的史料《島史》記載，阿育王向四方派遣傳教師時，曾派了須那、郁多羅兩位長老到「金地」傳播佛教。許多學者傾向於認為「金地」就是指緬甸臨孟加拉灣一帶的地方。

　　緬甸的國名來源，據語言學家和史學家考證，起源於梵語「婆羅」（梵天之意）。可見古代緬甸與印度文化關係是很密切的。

　　佛教究竟何時傳入緬甸，已很難確考。按緬甸古代的傳說，大約在距今二千五百年前，在今緬甸首都仰光的地方，有兩個商人在印度經商時，曾經向佛陀及其僧團施捨財物，他們在印度接受了佛法，成為佛陀的弟子。當他們回國時，佛陀贈給他們倆人八根頭髮，於是他們回來造了一座很大的佛塔貯藏佛髮，塔的外面又用銀、錫、銅等加以裝飾，顯得極為宏偉壯觀，這就是仰光有名的大金塔。據說這是佛教初入緬甸的開始。

　　古代緬甸人曾在緬甸瀕臨孟加拉灣一帶的打端地方建立國家。他們較早吸收了印度文化和宗教。根據一四七六年緬甸國王達磨悉提時的一篇巴利文名著《莊嚴結界》中記，打端古國名為「羅摩那提沙」，後來普通簡稱「羅摩」。當須那、郁多羅兩位長老來金地傳播佛教時，獲得了國王和人民的信奉。他們最先宣說「四聖諦」法，得到數千人皈依，佛教由此傳入緬甸。

　　從考古發掘的資料來看，最初傳入緬甸的佛教，可能是南傳上座部。在卑謬附近發現的一些薄金片，上面刻有巴利文字體，內容是記述上座部佛教的。另外，在帽查附近，曾

發現一塊古代雕板，上面刻有巴利文佛經。據學者考證，這些巴利文的字體與五世紀時南印度迦坦婆字體相似，最遲不會晚於西元六、七世紀。所以，根據考古發掘，古代緬甸的歷史記載以及斯里蘭卡《島史》等，說明緬甸在西元六世紀以前已經傳入了上座部佛教。

西元十世紀前後，大乘佛教及密宗也曾傳入緬甸，在緬甸蒲甘博物館保存的一些出土的古代佛像中，有一些小型的觀世音菩薩立像。另外，在其他一些故址中，還發現部分反映藏傳佛教藝術形象的雕像。一些學者認為，緬甸的大乘佛教有可能從中國傳去。緬甸與中國西南接界，受中國文化、宗教的影響是有可能的。另外，中國西藏地區與緬甸接界，而且古代緬甸民族屬於緬藏系，與藏族有親緣關係，互相交通也很頻

繁，所以在緬甸出土的古代藝術品中有表現藏傳佛教的東西出現。

十一世紀，緬甸蒲甘王朝（一○四四～一二八七年）的阿奴拉陀王任用了一個名叫阿羅漢的僧人為國師。國王受阿羅漢影響，宣佈以佛教為國教，同時下令各佛教宗派團體進行整頓。阿羅漢屬上座部僧人，因此整頓的結果，使緬甸佛教上座部很快發展、興盛，並佔據正統地位。而原先各派，包括大乘各宗、密教以及其他一些宗教，都被漸漸淘汰。

◀ 緬甸佛寺。緬甸是信奉佛教的國家，屬上座部佛教。
▲ 緬甸仰光大金塔佛像。

《島史》和《大史》是怎樣的書？

《島史》和《大史》是斯里蘭卡最早的兩部用巴利文寫的王朝和佛教編年史，也是南傳佛教兩部重要的史書。

約在西元前二六年，有大寺派長老數百人在斯里蘭卡島的中部舉行了一次佛典結集，誦出了上座部三藏，並用巴利文加以記錄保存。西元五世紀，又有印度摩揭陀國三藏法師覺音來到斯里蘭卡，他對當時在斯里蘭卡流行的佛典進行了整理，並用巴利文全部重新進行編寫。巴利文的輸入對斯里蘭卡文化發展有重大影響。《島史》和《大史》就是在當時這種歷史背景下，由斯里蘭卡僧人用巴利文寫的兩部重要著作。

《島史》又作《島王統史》、《洲史》。作者不詳。也有認為是大寺派比丘所作，或者是以大寺所傳的資料為基礎編纂。也有人認為本書的主要資料來源於較早的僧伽羅文著作《義疏》。《島史》主要內容是敘述了佛陀的生平以及到斯里蘭卡傳教的神話、佛教的三次結集，以及佛教傳入斯里蘭卡後一直

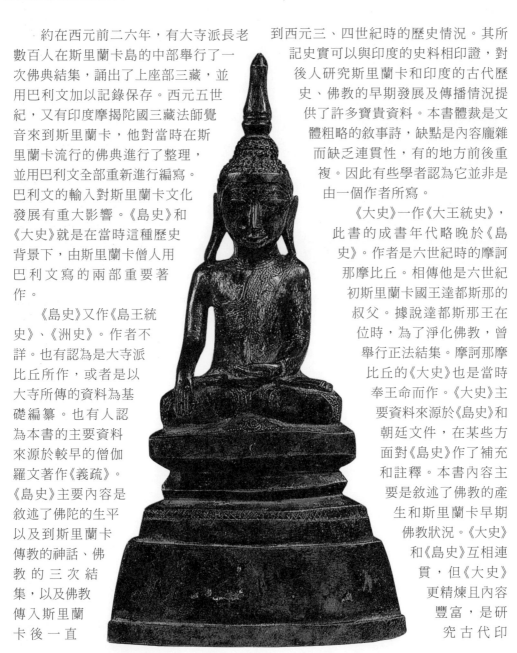

到西元三、四世紀時的歷史情況。其所記史實可以與印度的史料相印證，對後人研究斯里蘭卡和印度的古代歷史、佛教的早期發展及傳播情況提供了許多寶貴資料。本書體裁是文體粗略的敘事詩，缺點是內容龐雜而缺乏連貫性，有的地方前後重複。因此有些學者認為它並非是由一個作者所寫。

《大史》一作《大王統史》，此書的成書年代略晚於《島史》。作者是六世紀時的摩訶那摩比丘。相傳他是六世紀初斯里蘭卡國王達都斯那的叔父。據說達都斯那王在位時，為了淨化佛教，曾舉行正法結集。摩訶那摩比丘的《大史》也是當時奉王命而作。《大史》主要資料來源於《島史》和朝廷文件，在某些方面對《島史》作了補充和註釋。本書內容主要是敘述了佛教的產生和斯里蘭卡早期佛教狀況。《大史》和《島史》互相連貫，但《大史》更精煉且內容豐富，是研究古代印

度和斯里蘭卡早期歷史、佛教發展的重
要資料。此書體裁與《島史》一樣，亦為
敘事詩體，但文學性更強。目前流行的
是德國學者威廉・蓋格(一八五六～一九
四三年)的編訂本，由倫敦的巴利語聖典
學會出版。書中記敘的時間是從佛教產
生到西元四世紀斯里蘭卡摩訶舍那王統
治時期為止。現在斯里蘭卡人民把這部
史詩尊奉為他們的國寶。

◀ 清代南傳佛教鎏金銅製佛像。
▲ 斯里蘭卡首都可倫坡佛教寺廟牆壁上的浮雕。
▶ 清代南傳佛教銅製釋迦牟尼坐像。

佛教何時傳入中國？

　　佛教傳入中國的時間，長期以來有許多說法，莫衷一是。現有學者認為，大約在兩漢之際，即西元一世紀前後，印度佛教開始經過西域，逐漸傳入中國。

　　佛教初傳中國時，開始並未引起社會重視，當時只是在一部分人中悄悄流傳。後來史書上所載的佛教初傳，大多只是根據傳說。另外，魏晉時期，佛道兩教之間展開了激烈的論爭，雙方為了爭奪正統，抬高各自的地位，都編造了許多神話傳說，並為攀附這些神奇怪異的傳說，佛教徒們則盡力把佛教傳入的時間提前。這樣，佛教如何傳入中國之事，便被籠上了一層朦朧而神奇的迷霧。

　　在佛教傳入中國的各種傳說中，歷史上人們談論得最多的就是漢明帝夜夢金人，遣使求法，使佛法流傳漢地的故事。此說最早見於《四十二章經》、《牟子理惑論》、《老子化胡經》等。此外，東晉袁宏《後漢紀》，劉宋范曄《後漢書》等魏晉南北朝人士的著作中，也有不少言及此事的，可見當時這一故事在社會上已廣為流傳。

　　漢明帝夜夢金人而遣使西行求法的故事，是說東漢永平年間（五八～七五年），漢明帝夜夢神人，身上放光，在殿前飛繞而行。次日會集群臣，問這是何神，有「通人」傳奕回答說：聽說西方有號稱為「佛」的得道者，能飛行虛空，身

有日光，帝所夢見的應該就是「佛」。漢明帝聽了傅奕的回答，便派遣使者西行求法。使者們在西域大月氏國抄回佛經四十二章，帶回來後，漢明帝將之藏在皇家圖書館，佛教於是傳入漢地。這一傳說故事有神話傳奇的成份，但基本情節尚屬可信，唯傅奕以「佛」為對，說明當時已有佛教在民間流傳，只是未能傳到宮廷而已，因此還不能作為佛教最初傳入的記錄。

在裴松之所注《三國誌》中，引用了三國時魏國魚豢所著《魏略‧西戎傳》，關於漢哀帝元壽元年（西元前二年）博士弟子景盧受大月氏王使臣伊存口授《浮屠經》的記錄，並解釋說「復立（豆）者，其人也。《浮屠》所載臨蒲塞、桑門、伯聞、疏問、白疏間、比丘、晨門，皆弟子號。」大月氏於西元前一三〇年左右遷入大夏，其時大夏已有佛教流傳。大約

西元一世紀時，大月氏的貴霜王朝成為中亞一個強大的帝國，並且也是中亞地區的一個佛教中心。漢代自張騫通西域後，許多商人往來於中亞西域一帶從事商貿活動，這些商人中有些本來就來自於佛教流行地區，他們在來華經商的同時，也帶來一些佛教經典。所以在漢哀帝時，由月氏王派人來漢地傳播佛教，是完全可能的。

◀◀ 竺法蘭，古代印度佛教僧人。漢明帝永平年間與攝摩騰一同來華傳法。漢明帝把他和攝摩騰安置在洛陽白馬寺（因兩位僧人以白馬馱經來華而名）。他們在洛陽傳教，並譯出四十二章經等五部佛經。

◀ 攝摩騰像，又作迦葉摩騰，古代印度佛教僧人。漢明帝遣人往天竺求法，遇之。漢永平十年（六七年），與竺法蘭至洛陽，譯四十二章經，是首位范華傳法的印度高僧。

▲ 河南洛陽白馬寺竺法蘭墓。

《四十二章經》是怎樣一部經？

相傳漢明帝遣使西行求法，使者在大月氏抄寫佛經四十二章。因此，佛教史上常常把《四十二章經》作為最早傳入漢地的佛教經典。

關於漢明求法之事，由於年代久遠，資料缺乏，具體情況已不可詳考，至於《四十二章經》究竟是抄於大月氏，或是在洛陽譯出，到梁代就已弄不清楚。近代有學者認為，《四十二章經》並非譯自印度佛教經典，而是漢人自己撰寫的。如梁啟超先生曾斷言：這部經並非根據梵文原本比照翻譯，而是人們在許多佛教經典中選擇精要，仿照中國的《孝經》、《老子》等書編撰而成。所以此經只是一個編撰本，而非譯本（見《梁任公近著》第一輯中卷）。中國著名的佛教學者呂澂先生則把《四十二章經》與三國時譯出的《法句經》進行對比研究，認為《四十二章經》抄於《法句經》，而且其抄出的年代當在西元三〇一至三四二年間，因此得出結論：《四十二章經》不是最初傳來的佛經，而且還不是直接的譯經，而是一種佛教經典的簡明抄寫本。（詳見呂澂《中國佛學源流略講》第一講及附錄）。

與此相反，著名佛教史學家湯用彤先生則經過詳細考證，認為《四十二章經》並不是由中國人自己編撰的，而是漢代末年譯出的一部「外國經抄」。這部經在漢晉之際曾出現過幾種不同的譯本，可見當時頗為流傳。但後來經過人們多次改動，加入了許多新的內容，反而使後人對這部經的出現年代產生懷疑。湯先生還認為：漢譯《四十二章經》的文句質樸平實，其內容雖出自小乘佛典，但與漢代流行的道術頗有相通之處，因而成為當時社會上最流行的佛教經典（詳見湯用彤《漢魏兩晉南北朝佛教史》第一部分，第三章《四十二章經》考證）。

總之，《四十二章經》是佛教傳入中國的初期，在社會上比較流行的一部佛經。但它不是一部獨立的經典，而是從小乘佛教經典中輯錄出一些佛教基本教義的「經抄」。其內容著重闡述早期佛教宣揚的人生無常，貪愛和慾望之弊等等，勸人們放棄世俗慾望，追求出家修道的修行生活。《四十二章經》是一部為適應佛教初學者需要的入門書，在佛教剛剛開始傳入漢地的時候出現這樣一種經抄類型的漢文佛經，完全適應了佛教在漢地發展的需要，它在社會上的流行，對當時佛教的傳播和發展產生了相當大的作用。

▶ 河南洛陽白馬寺齊雲塔，為金代所建磚砌密簷式塔，通高五十三公尺，共十三層。

漢代佛經翻譯有哪兩大系統？

佛教在中國的落地生根，是與佛教經典翻譯的發展分不開的。兩漢之際，佛教傳入漢地，但正式見於史籍記載的佛經翻譯，卻要晚到西元二世紀中葉。漢代佛經翻譯，主要有兩個系統：一是以安世高為代表的小乘「禪數」學派，一是以支婁迦讖為代表的大乘「般若」學派。

安世高，一名安清，原為安息國太子。他廣覽佛經，尤其精於上座部系統說一切有部的理論學說。他曾遊歷西域各國，通曉各國語言。在漢桓帝建和二年（一四八年）來到洛陽，開始從事佛教經典的翻譯工作。他共譯出佛教經典三十餘部。其中主要有《安般守意經》、《陰持入經》、大小《十二門經》等，這些經典多為小乘佛教說一切有部的經典。

安世高所譯的經典，重點在「禪數」之學。所謂「禪數」，「禪」指禪觀，即指透過修習禪定而進入靜慮狀態，由此而領悟佛教的覺悟之道。禪觀的方法有多種，其中如「安般守意」，是要求修行者在修行過程中有意識地控制氣息出入，守持意念，專心於一境。其他如《十二門經》、《大道地經》等經典都是指導修行者修習禪定的佛教經典。「數」是用數字把佛

教中各種繁多的名詞概念加以分類論述，進而闡釋佛教基本理論的一種方法。這種方法又稱為「數法」如「四聖諦」、「八正道」、「十二因緣」、「五蘊」、「十二處」、「十八界」等等。

支婁迦讖，亦稱支讖，原是月氏國人。他於漢桓帝時來洛陽，至漢靈帝中平年間（一八四～一八九年）共譯出佛教經典十多部，其中確實可考的是《道行般

若經》、《首楞嚴三昧經》、《般舟三昧經》三部。他所譯出的佛經，數量雖然不多，但對中國思想史和中國佛教史的發展卻有很大的影響。如他所譯的《道行般若經》，是一部反映佛教般若學的較早的一部佛經，主要宣揚大乘佛教的「諸法性空」、「諸法如幻」的思想。魏晉時期，佛教般若學引起了當時許多學者的興趣，進而形成了一個研究高潮，並出現了魏晉般若學的「六家七宗」之說，推動了中國思想史的發展。另外，《首楞嚴三昧經》和《般舟三昧經》都是講大乘禪觀的佛經。特別是《般舟三昧經》還特別宣揚了阿彌陀佛的西方淨土，後來淨土思想流傳，實以此為開端。

東漢末年來華傳教的印度、西域佛經翻譯家中，安世高和支讖是最有影響

的兩個。他們翻譯的佛經和介紹的佛教流派各有不同的側重，代表了當時佛教的兩個不同的學說系統。這兩個學說系統，是從漢代一直到魏晉時期的數百年間中國佛教兩個主要學說系統，只是後來由於大乘佛教的學說更適合中國的社會思想和文化環境，才得到越來越大的發展，以至成為中國佛教的主流。

▼ 甘肅敦煌莫高窟張騫出使西域壁畫，是研究絲綢之路歷史、佛教東傳史和中外交通文化交流史極為珍貴的形象資料。

《牟子理惑論》是怎樣一部書？

《牟子理惑論》通稱《牟子》，或叫《理惑論》，該書記載了漢明帝遣使求法的故事。該書是佛教傳入中國初期，由中國古代文人所寫的一本宣揚佛教教義思想的著作，因此對於研究中國佛教的形成和發展有很大的參考價值。

《牟子理惑論》最早見於陸澄的《法論》，陸澄將此書著錄在「緣序」集中，並注曰：「一云蒼梧太守牟子博傳」。但《隋書・經籍志》「子部・儒家類」中，著錄《牟子》二卷，注曰：「漢太尉牟融撰」。這引起人們對《理惑論》一書真偽問題的爭論。近代以來，部分學者認為此書應是晉宋間人所作，如著名學者梁啟超、呂澂等就有這種看法。也有許多學者認為此書確是漢魏舊帙，胡適之、余嘉錫、周叔迦、湯用彤等都是持這種主張。

從現存《牟子理惑論》一書內容看來，此書當為漢魏之際所著，特別是從書的《序傳》一節來看，所述史事多可與史實相印證，並可補史料之所闕。當然，本書作者究竟是蒼梧太守牟子博，或是東漢三國之際的另一個牟融，已無從確考。

《牟子》全書共三十九章，首章為「序傳」，末章為「跋」。正文共三十七章（或稱三十七篇）。文章採用「自設賓主」進行問答的形式展開，所問者對佛教提出種種疑問，回答者則引經據典，給以解釋，經由解釋而對佛教教義學說加以發揮闡述。該書作者大量引用儒、道和諸子百家的論述，力圖說明佛教教義與中國社會傳統思想的一致，具有明顯的儒、佛、道三家合一的思想傾向。

另外，漢代人們把佛教看做為神仙方術的一種；魏晉時期，老莊、玄學思想盛行，一些人又以玄學釋佛學，而《牟子理惑論》中既有精靈不滅、禍福報應的思想，又有以老莊「無為」學說來解釋佛理，這些情況也值得引起我們的注意。

◀ 雲南噶丹松贊林寺的輪迴圖。松贊林寺漢語稱為「歸化寺」，是雲南藏傳佛教之首。
▶ 雕於南宋時期的重慶大足寶頂山大佛灣第十七號窟的阿難像。

佛教何時開始傳入江南地區？

　　佛教傳入江南地區的時間，現在已經沒有確切的文獻資料可考。西漢末年戰亂，中原關洛一帶地方的許多百姓逃到南方，佛教信仰亦隨之傳入南方。《牟子理惑論》的作者就曾因避戰亂而到交趾，並在此研習佛法。

　　三國時期，在江南從事佛經翻譯和傳教活動的僧人逐漸增多，佛教在江南流行起來。在從事譯經和傳教的僧人中，支謙和康僧會影響最大。

　　支謙祖籍月氏，他的祖父在漢靈帝時歸附東漢，支謙從小生長在漢地，精通中華文化，十三歲時又學西域各國語言文字，「備通六國言」。支謙譯經，據支愍度《合首楞嚴記》說，自黃武（二二二年～二二八年）至建興（二五三年～二五四年）年間，共譯出佛經數十部。據《出三藏記集》有三十六部、四十八卷。其中重要的是《阿彌陀經》、《維摩詰經》、《瑞應本起經》等。

　　《阿彌陀經》亦名《無量壽經》，主要宣揚阿彌陀佛的西方淨土信仰，此經後來成為淨土宗的主要經典之一，其思想在廣大佛教徒中有很大影響。《維摩詰經》是說在家居士之事。經中宣揚了古代印度毗舍離地方的一位名叫維摩詰的大居士，深諳佛理，常常出入各種場所，宣揚大乘佛教義理。此經在姚秦時由鳩摩羅什重譯，受東晉以後門閥士族階層的歡迎而特別流行。《瑞應本起經》是釋迦牟尼佛的本生故事，文學性比較強，支謙的翻譯筆法流暢、文句簡略。

　　康僧會的祖先是康居人，康僧會本人自幼出家，他「為人弘雅有識量，篤志好學，明解勸三藏，博覽六經，天文圖緯，多所綜涉，辯於樞機，頗屬文翰」（《高僧傳・康僧會傳》）。康僧會的佛學思想受安世高一系小乘佛學思想影響甚大。

　　吳赤烏十年（二四七年），康僧會來到吳國的都城建業進行譯經傳教活動。據說孫權初時不信佛教，後因康僧會顯示神異，求得舍利，所以為他建立了寺院，號為「建初寺」，相傳這是江南最早的佛寺，所以稱為「建初」。佛教初傳江南時，其教義學說還不被人們理解。為

了推動佛教的流傳發展，康僧會並不是直接闡述佛教的出世之說，而是著重以中國傳統儒家思想和天人感應的神學學說來解釋佛教教義，又以通俗的善惡報應說來詮釋佛教輪迴報應思想。他的這套宣傳方法取得了一定的成功，江南佛教的興盛發展，與康僧會這一時期的傳教活動極有關係，以致後來許多佛教史籍將康僧會的傳教活動作為江南佛教的開始。

康僧會翻譯的佛經，據《出三藏記集》卷二，《新集經論錄》等記有二部十四卷。其中最重要的是《六度集經》。全書分八卷，按大乘佛教教義所說的「六度」分為六章，輯錄各種佛經共九十一篇。嚴格說來，這是一部編譯的佛經。前五章中，每一章開始都有一個提要性的序言，概說佛教教義，整部經典以所謂「菩薩本行」，即佛陀前生種種神話故事，來說明佛教的教義教理。《六度集經》譯出後，對佛教普及產生過很大作用。其中有些神話、寓言故事流傳很廣，並對中國文學的發展也有很大影響。

◀ 尸毗王割肉救鴿，敦煌莫高窟北魏壁畫。講述尸毗王樂善好施，甘願捨身割肉以救護一隻被老鷹追逐的鴿子的故事。

▲ 維摩演教圖。維摩，也稱維摩詰，意譯是「淨名」或是「無垢稱」，是一個在家的大乘佛教居士，是著名的在家菩薩。

「敦煌菩薩」因何得名？

「敦煌菩薩」是指西晉譯經僧人竺法護。竺法護，祖籍敦煌，本姓支，梵名曇摩羅剎，後依師竺高座出家，出家後隨師以竺為姓。由於他世居敦煌，本人又長期在敦煌一帶進行譯經活動，所以被人稱為「敦煌菩薩」。

竺法護聰明博學，廣泛涉獵「六經」百家諸說，因有感於當時的佛教徒只重視寺廟圖像的建造，而忽略大乘經典的傳譯，因此遍遊西域各國，搜集了大量佛經原本回長安。回來後他往來於洛陽、長安、敦煌之間，從事佛經翻譯。他先後譯出佛教經典一百五十餘部。所譯經典包括屬《般若經》類的《光讚般若經》、屬《華嚴經》類的《漸備一切智德經》、屬《寶積經》類的《密跡金剛力士》和屬《法華經》類的《正法華經》、屬《涅槃經》類的《方等般泥洹經》等等，可以說早期大乘佛教各部類的一些主要經典基本上都有翻譯。因此他的翻譯工作為大乘佛教各流派在中國的傳播開闢了道路，並受到歷代佛教學者的讚賞。東晉孫綽作《道賢論》時，稱讚竺法護「德居物宗」，並把他比做竹林七賢中的山濤（山巨源）。

竺法護所譯佛經中，對後世影響較大的有《光讚般若經》、《正法華經》、《漸備一切智德經》等。

《光讚般若經》十卷，晉太康七年（二八六年）譯於長安。此經原本由于闐沙門祇多羅帶來。與朱士行在于闐所得的《放光般若》為同本異譯。但此經譯出後一直

湮沒於涼州，在西晉時幾乎沒什麼影響。過了九十餘年，東晉名僧道安才於太元元年（三七六年）得到此經。道安將此經與朱士行在于闐所得的《放光般若》進行對比研究，獲很多心得，著《合放光光讚隨略解》、《光讚析中解》、《光讚抄解》等，由此促進了魏晉時期佛教般若學的研究。

《正法華經》十卷，是竺法護於晉太康七年（二八六年）譯於長安。這是一部早期大乘佛教經典。經中以許多比喻說明佛以「權方便」設種種教化以普渡眾生，使人人得以成佛。經中還塑造了一個大慈大悲、救苦救難的觀世音菩薩的形象，宣稱遇難眾生只要誦其名號，即會以種種化身解救急難，使人逢凶化吉，轉危為安，這對當時處於戰亂動盪中的廣大受難民眾具有極大吸引力。

《漸備一切智德經》十卷，於晉惠帝元康七年（二九七年）譯於長安。此經是《華嚴經‧十地品》的異譯本。主要講大乘菩薩在修行過程中必須經歷的十個階段。後來北朝菩提流支等譯《十地經論》，就是更具體地闡述這一內容的。由研習《十地經論》而發展成的「地論學派」和「地論師」，直接影響了隋唐之際中國佛教宗派的發展。

◀ 敦煌鳴沙山駝影。敦煌位於聯繫中國與中亞交通的「絲綢之路」上，自古商旅交通不斷，佛教也由這裡傳入中國。

▲ 行道天王圖，描繪了毗沙門天王及其護持巡查的場面。

「般若學」在魏晉時期爲何流行？

「般若學」是指對佛教《般若經》義理進行研究，並大力闡發《般若經》思想學說而形成的一個中國佛教學派。在魏晉南北朝時達到高潮，並成為當時佛教的基礎理論。

《般若經》的流傳，可以追溯到漢末支讖譯出《道行般若經》，三國時支謙又譯《大明度無極經》，這是《般若經》的兩個最早的譯本。魏晉之際，各種般若類經籍開始被大量翻譯介紹。魏甘露年間有朱士行西行求法（二六〇年），在于闐獲得《般若經》梵本，後由竺叔蘭、無羅叉譯出，是為《放光般若》，西晉竺法護又譯出《光贊般若》等等。在姚秦鳩摩羅什完整地介紹大乘空宗思想之前，《般若經》已經在漢地相當流行了，而此時魏晉玄學的興起，又為魏晉時期佛教般若學的興起和發展創造了條件。

漢魏之際，中國傳統學術思想發生一大轉變，這就是玄學興起，取代了漢代的經學而成為當時學術思想的主流。玄學從本體論角度討論現象與本質的關係，提出本末、有無、體用等一連串重要範疇，是一種思辨性很強的哲學思潮。玄學的目的是論證現象世界的背後有著永恆的、真實的、非語言形象所能表述的精神本體，即「道」，或「無」。佛教般若學則旨在論證客觀世界的虛妄不實，它著重宣揚「諸法性空」的思想，認為客觀的現象世界以及世俗的認識都是虛假而不實，只有透過般若智慧，體得永恆真實的「諸法實相」，或者說是「真如」，才能得到徹底的覺悟，解脫一切煩惱的精神境界。因為般若學與玄學在思想理論上和認識方法上有著相似之處，所以伴隨著玄學的興起，魏晉時期的般若學也得到了迅速廣泛的傳播。

在般若學的研究中，一些學者採用了「格義」的方法，對玄學和佛學的合流，以及般若學的興起也產生了很大的促進作用。所謂「格義」，實際上就是以傳統的中國哲學名詞概念去比附和解釋佛教的名相、術語，它著重於從義理方面融會中外兩種不同的思想，以消除在玄學和佛學交流中的隔閡和抵觸，使兩種不同的學術思想得到溝通，使人們容易理解和接受佛教這樣一種外來宗教。在般若學的研究中，許多佛教學者往往用老莊玄學思想和語言來解釋佛教教義，以迎合當時社會的需要。

兩晉之際，玄學本身已經歷了貴無、崇有、獨化這樣一個發展過程，基本上完成了它的邏輯發展。正在此時，佛教般若學悄悄興起，於是許多玄學家把興趣轉向佛學。佛教般若學也需要依附和吸收玄學思想來發展自己，於是形成了玄學和佛學合流的情況。般若學便在這種社會思想條件下迅速地發展起來。

魏晉時期般若學的「六家七宗」是指哪幾家？

魏晉之際，佛教般若學發展到了高潮，但由於當時佛經翻譯譯理不清，義多暧昧，由此產生了種種不同的理解。而且，般若學受到玄學的影響，玄學的許多問題被帶進般若學的研究中，致使佛教般若學在發展過程中產生了許多派別。這些派別在當時被歸納為「六家七宗」。

所謂「六家七宗」，依晉宋間僧人曇濟所著的《六家七宗論》列舉，分別為本無宗、即色宗、識含宗、幻化宗、心無宗、緣會宗六家，其中本無宗又分出本無異宗，合稱「六家七宗」。但隋代吉藏在《中觀論疏》中論及當時般若學各派時，認為在鳩摩羅什來到長安之前，佛教般若學本有三家，即心無、即色、本無三派。鳩摩羅什的弟子僧肇作《不真空論》，對魏晉般若學各派理論進行總結，也以此三家為代表。

「本無宗」的代表人物是東晉時的釋道安。道安是東晉時期的名僧，他很重視對般若學的研究，他將大、小品《般若經》進行對比，把《光贊般若經》和《放光般若經》進行對比，進而提出他的觀點。他認為般若法性，常靜至極，無為無著，悠然無寄。要達到這樣一種境界，必須泯滅個人的主觀認識功能，使「心」的作用不起，主客觀作用都泯滅，最後留下一片空寂的「無所有」，這就是「法之真際」，也即是佛教的最高精神境界。因為這一派以「無」為「本」，為最高境界，所以稱為「本無」。

「心無宗」創始人為支愍度，也是一位博學的佛教學者。東晉初年，因避戰亂，他渡江來到江東，為了適應江東的玄學潮流，於是創立「心無」義，自樹一幟。這一派著重從主觀意識上強調

「無」，至於客觀外界事物究竟是「有」還是「無」，則未加明確闡述。在這一點上，「心無宗」與「本無宗」正好互相對立。由於這一派學說並未明確否定客觀外界事物，因此被認為帶有唯物論傾向而遭到「本無宗」的強烈批評，被看做是「邪說」。

「即色宗」以東晉名僧支遁為主要代表。支遁精於《般若經》義理，他與東晉名士謝安、王羲之等交遊，以好談玄理而聞名於當世。他曾著《即色游玄義》闡述他關於般若學說的思想學說。這一派的學說特點是「不壞假名，而說實相」，即並不直接否認物質世界的客觀存在，而是著重論證客觀事物本性並不自有。「即色宗」承認事物的本體與現象之間有差別，主張透過現象去認識事物本體，這種思想在魏晉般若學「六家七宗」中最接近佛教般若思想的本來意義，但由於他們當時還未掌握般若學「有無雙遣」的認識方式，所以並未能最後建立般若學「非有非無」的本體論思想體系。這一任務，最後由鳩摩羅什的弟子，東晉末年的僧肇所完成。

《肇論》是一本什麼樣的書？

　　《肇論》一書，由後秦時僧人僧肇所著，是一本有系統的闡述佛教般若學思想的論文集，該書所表達的佛學思想對後世影響很大。

　　僧肇（三八四～四一四年），晉代著名僧人。他對魏晉以來流行的佛教般若學各家學說進行了總結，完整地闡述了大乘佛教般若性空的教義學說，被當時的人們稱為「東土解空第一」。

　　《肇論》的開篇《宗本義》概述了全書的大意，第四篇《涅槃無名論》論述了佛教的最高精神境界「涅槃」的無生無滅，絕言忘相。其餘的三篇則是僧肇著名的代表作。《物不遷論》主要發揮般若性空思想，從時間和空間角度論證世界萬物看似變化，實際上並沒有真正地發生變化，變化著的只是事物的假相，「若動而靜，似去而留」。《不真空論》闡述了佛教關於般若性空的思想學說，認為世界萬物是由因緣合和而成，所以雖無而有，雖有而無，非有非無，稱之為「空」。《般若無知論》著重論述佛教的般若智慧無知無相，卻又無所不知，洞照萬物。

　　僧肇的般若中道觀，完整地闡述和發揮了大乘佛教般若性空思想，把魏晉以來般若學的發展推向了一個新的高峰，至此，魏晉時盛行的佛教般若學完成了它自身的發展過程。

▼ 北京大悲寺山門殿四大天王之東方持國天王、南方增長天王。

「生公說法，頑石點頭」是怎麼回事？

　　蘇州虎丘山畔，有一塊巨大的盤石，相傳為當年「生公說法」的「說法台」，說法台的旁邊還有一塊「點頭石」。「生公說法，頑石點頭」這一典故就是發生在這裡。

　　「生公」是指晉宋年間僧人竺道生。他曾提出「一闡提人」（佛教所謂斷善根之人）也有佛性，也能成佛的看法。據說，他曾在蘇州虎丘山的一塊巨石上進行說法，闡述他的主張「一切眾生都有佛性」，周圍的石頭紛紛點頭表示贊同，於是留下了「生公說法，頑石點頭」這一典故。

　　竺道生是晉宋間佛教涅槃學派的代表人物。所謂涅槃學派，是專門研習和弘傳《涅槃經》的一個學派。《涅槃經》的核心問題是佛性問題，即成佛的依據和可能性問題，繼魏晉般若學之後，這成了佛教義學的中心問題。南朝時期，人們的地位由家族出身和門第高低決定，甚至人的才能和品德的優劣也都由門第出身決定。儒家的傳統倫理觀對這種不平等、不合理的現象卻並未作出說明。在這種情況下，「一切眾生都有佛性」說法的出現，恰好彌補了傳統倫理觀念中的不足部分。這和「人皆可以為聖賢」的儒家「性善論」一樣，在一定程度上緩和了傳統社會的階級矛盾。因此，南朝時期涅槃佛性論的出現，符合了當時社會的客觀需要。

▼ 北京大悲寺山門殿四大天王之西方廣目天王、北方多聞天王。

慧遠在中國佛教史上地位如何？

慧遠是東晉時期著名僧人，長期在廬山傳教。由於他的佛學造詣和他本人在品行方面的吸引力，所以當時在他周圍匯集了一批人，其中不乏飽學碩儒、文人學士，進而形成了一個教團，使廬山成了當時江南的一個佛教中心。

慧遠生於西元三三四年，卒於西元四一六年，原籍雁門樓煩（今山西寧武附近）。慧遠自幼學習儒家經典和老莊之學，博通六經，是一個學識淵博之士。十六歲時，慧遠因避亂而來到了太行恆山，正巧當時釋道安在此立寺傳教，慧遠聽道安說法後，遂投入道安門下，學習佛學。

道安是當時佛教界著名的領袖人物，在當時極有影響。慧遠在道安門下學習長達二十五年，在此期間，他埋頭於佛教義理的研究，佛學造詣精深，獲得很高的聲譽，深得道安器重，認為他是承擔佛教在漢地傳播重任的理想人選。西元三七九年，道安遣散弟子分赴各地。慧遠離開道安，率弟子數十人南下。到他們來到廬山時，認為這裡是修行的好地方，於是決定在此定居。自此以後，他隱居廬山東林寺三十餘年，直到逝世，一直「影不出山，跡不入俗」。

慧遠在廬山的活動，主要有以下內容：

一、組織佛經的翻譯。慧遠來到廬山後，曾派弟子支法領等西行求經。後來，他請罽賓沙門僧伽提婆來廬山，譯出《阿毗曇心論》、《三法度論》，請佛陀跋陀羅譯出《修行方便禪經》等。這些經論都屬小乘佛教「說一切有部」的典籍，

後來江南毗曇學曾一度流行，與這些經籍的譯出和慧遠的提倡有很大關係。

二、宣揚三世輪迴報應教義。慧遠將印度佛教業報輪迴說與中國傳統的善惡報應思想相結合，寫了《明報應論》等論文，系統闡述、論證了三世報應的理論。他認為產生報應的根源是愚昧和無知，由此產生貪慾，使人的思想凝滯於外物，進而結成輪迴主體，使得生生相推，禍福相襲，輪迴報應也就相繼而生。

慧遠的三世報應說，把產生報應的全部原因歸結為個人的「無明」和「貪愛」。這些解釋巧妙地融合了佛教教義和中國傳統思想，使得人們比較容易接受。而且由於慧遠本人常年隱跡山林，超塵脫俗，在當時有很大的號召力，所以由他來提倡三世所報應說，影響也更為廣大。

三、調合佛教義理與儒家名教綱常的矛盾。依印度社會風俗，佛教出家修行者不必對在家的父母，以及權高位重的統治者施禮。佛教傳入中國後，這一習俗受到中國傳統思想和習俗的挑戰，一直是儒佛論爭的一個重大問題。東晉時，關於沙門是否應當禮拜父母與王者，也曾引起幾番爭論，為此，慧遠曾著《沙門不敬王者論》等，以調合佛教義理和名教綱常的矛盾。

慧遠認為，出家者所追求的是佛教的「宗極」，故不應隨順世俗禮法。但他在推崇佛法的同時並不排斥名教的禮儀，他認為兩者可以互相影響，相輔相成。他認為出世的佛教也是濟俗的要務，出家人雖離家棄宗，但並未背離「忠孝」的原則。慧遠從佛教立場出發，調和佛教學說和禮教之間的矛盾，鞏固了佛

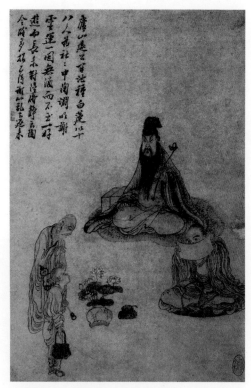

教在傳統社會中的地位。

四、宣揚淨土信仰。慧遠在廬山時，曾在阿彌陀佛像前立誓往生西方淨土。他提倡西方阿彌陀佛的淨土信仰，這對後世淨土宗的形成有很大影響，宋明以後，淨土信仰成為中國佛教的一大主流，慧遠本人也被後世淨土宗信徒推為淨土宗的創始人。

除此以外，慧遠還作《法性論》敘述他對佛教教義的理解，並在《沙門不敬王者論》、《明報應論》等文章中，論述了他關於形神問題的看法，表達了他的形神不滅思想。

◀ 達摩六代祖師像，明代繪畫。圖中以佛畫慣用的連續構圖形式，將不同時代的佛教禪宗六代祖師的形象，合繪於同一畫面。

▲《廬山觀蓮》，上官周《人物故事圖》冊之一，描繪東晉僧人慧遠於廬山結白蓮社，與當時高僧賢士、社會名流交往的故事。

什麼是「白蓮社」？

所謂「白蓮社」，是指東晉僧人慧遠和其同道的一些人為往生西方淨土而結的念佛社。據《高僧傳》等記載，慧遠在廬山時曾依據《般舟三昧經》，提倡西方阿彌陀佛的淨土信仰，與劉遺民、周續之等人在阿彌陀佛像前立誓，共期往生西方淨土。

此事自中唐以後，逐漸演化成有一百二十三人追隨慧遠，共結白蓮社之事。又傳有陶淵明等三人不入社，僅作社外之交等。關於「白蓮社」的名稱，也有多種解釋，有的認為是東林寺中多植白蓮之故；有的說是往生西方極樂淨土者，以九品等級從蓮花中降生，故名；也有的認為是入社者品格高超，不為名利所污，有如白蓮出於泥而潔白不染，故以白蓮為喻。

「白蓮社」之事，當然出於附會，但自中唐以後，特別是在宋元時期，關於白蓮社的故事在民間的影響，隨著淨土宗的流傳而廣泛傳播。如南宋初年有茅子元者，在平江定山湖（今上海青浦、江蘇昆山一帶）建立「蓮宗懺堂」，創立「白蓮宗」，號召人們皈依佛法，遵守五戒，念阿彌陀佛。他自稱「白蓮導師」，宣稱只要信仰淨土教義，即使「不斷煩惱、不捨家緣、不修禪定」，死後也能往生西方極樂世界。他所創立的白蓮宗，後又與彌勒信仰混合而形成白蓮教，成為民間秘密宗教。白蓮教在元末曾被利用作為組織和起義的工具。

近代，也有許多地方信仰淨土宗的佛教居士，倣法廬山「白蓮社」，結社念佛。

◀ 蓮社圖，蓮社乃淨土宗始祖慧遠所結，其最著名人物有所謂十八賢，方外居士有劉程之、張野、周續之、張詮、雷次宗等人。

鳩摩羅什翻譯了哪些佛經？

中國的佛經翻譯以鳩摩羅什為界，在他以前所譯的經籍被稱為舊譯，而自鳩摩羅什之後譯出的經籍則被稱為新譯。鳩摩羅什的譯經活動標誌著中國佛教的理論水準已達到了一個新的境界。

鳩摩羅什（三四四～四一三年）是龜茲（今新疆維吾爾自治區庫車一帶）僧人。西元四○一年，鳩摩羅什被請到長安。當時的後秦國主姚興待他以國師之禮，請他主持譯經之事。當時各地義學沙門慕名而至，以鳩摩羅什為首，形成了一個龐大的譯經道場。在譯經過程中，鳩摩羅什門下湧現了一大批佛學人才，如僧肇、僧睿、道生等。這些人後來分佈於各地講經說法，大大地推動了中國佛教的發展。

鳩摩羅什從四○一年到長安，一直到四一三年去世，與弟子一起翻譯大小乘經、律、論三十五部，二百九十四卷，其中主要有《大品般若經》、《法華經》、《維摩詰所說經》、《阿彌陀經》、《金剛經》以及《中論》、《百論》、《十二門論》、《大智度論》等。由於他本人佛學造詣精深，又曾在涼州居住十多年，精通漢語，並且他的弟子中又有一大批傑出人才，所以所譯的佛教經論，素質很高，其中一部分成為世間流傳的譯本。

鳩摩羅什所譯的經論，有系統地介紹了大乘佛教空宗（中觀宗）的思想。如他所翻譯的《大智度論》，是中觀學派創始人龍樹所撰，主要發揮般若性空思想，對《大品般若經》作了有系統的解說和論證。鳩摩羅什還特別詳譯了論中解釋《大品經》「初分」的部分，這一部分詳細地闡述了佛教的名相概念，這正是長期以來從事佛教般若學研究中一直沒弄清的地方，所以鳩摩羅什的翻譯推動了般若學的研究。他所譯的《中論》、《百論》、《十二門論》進一步深入闡述了大乘佛教空宗思想，並以「世俗諦」和「勝義諦」論證了「緣起性空」和「不生不滅，不常不斷，不一不異，不來不出」的所謂「八不中道」觀。

▶ 陝西戶縣草堂寺鳩摩羅什舍利塔，塔高兩公尺多，塔身八面十二層，造型古樸，雕鏤精美，歷千年至今基本完好。

梁武帝「捨身入寺」是怎麼回事？

兩千年來，佛教在中國的傳播和發展，與歷代統治者的支持和扶植分不開。晉代僧人道安曾明確地講過，如不依附於當權者，佛教不可能廣泛流傳。縱觀中國歷史，歷代崇佛最甚的統治者，當推南朝梁武帝。

梁武帝蕭衍，字叔達。生於西元四六四年，死於西元五四九年，出身於僑居南蘭陵（今江蘇武進縣）的寒門，曾為齊竟陵王蕭子良的門客，擅長文學，與當時文人名士沈約、任昉等相交甚好。南齊時蕭衍曾被任命為雍州刺史，後來他乘南齊的內亂，起兵攻入建康（今南京），並於五〇二年代齊而立，建立了梁朝。

梁武帝曾經信奉道教，與當時著名道士陶弘景關係密切。當梁武帝準備篡奪齊朝政權時，陶弘景曾派弟子投送書信表示支持，還援引圖讖以示梁朝代齊是上應天象，合時運之變，因此當梁武帝即位後，對他「思禮愈篤」，還常派人向他請教國家大事。

但梁武帝即位不久，便改奉佛教。梁天監三年（五〇四年）他下詔宣佈「捨道事佛」，要求王公貴族、公卿百官等「返偽就真，捨邪入真」。在

他不遺餘力的倡導之下，南朝佛教很快進入全盛時期，寺院、僧尼數量迅速增加。僅建康一處，就有寺院五百餘所，僧尼十萬餘人。他親自敕建的就有大愛敬寺、智度寺、光宅寺、解脫寺、開善寺、同泰寺等。唐代詩人杜牧所說的「南朝四百八十寺，多少樓台煙雨中」，形象地描寫了當時南朝佛教的盛況。梁武帝本人也因極力地扶持佛教而被稱為「皇帝菩薩」。

梁武帝融合儒釋道三教，著重宣揚佛教的神不滅論和因果報應思想。他本人是個博學的學者，通儒佛道三家經義，曾著《孔子正言》、《老子講疏》，並且還作《大品般若經》註解、《大涅

槃經講疏》、《淨名經義記》等一些佛教註疏，寫了許多重要的佛學論文，組織和參與了關於神不滅問題的辯論。他又創水陸大齋，無遮大會等法會，親自講經說法，並制定了《涅槃懺》、《大般若懺》等，相傳由他所制的「梁皇懺法」，至今仍流傳在世。

為了表示他對佛教戒律的重視，他曾明令禁斷肉食。在他親撰的「斷酒肉文」中，反覆闡明禁斷肉食的必要性和重要性。由於他的倡導，漢地佛教僧人改變了原來食「三淨肉」（就是不為殺，即不是為了你才殺的；不聞殺，即你沒有聽見或看見；不所殺，即根本不是你殺的）的習俗，使素食習慣成為漢地佛教的一個特色。

梁武帝「捨身」同泰寺，使他的崇佛達到了戲劇性的高潮。據《南史》記載，他先後曾經四次捨身同泰寺。第一次是西元五二七年，他捨身同泰寺，在寺四天。第二次五二九年，後由群臣出錢一億「贖」回。第三次在五四六年，他去同泰寺捨身，並宣稱他連宮人以及全國都「捨」了，結果由群臣化錢二億「贖」回。最後一次是五四七年，這一次「出家」三十七天，又由群臣化錢一億「贖」回。前後四次「捨身」，使同泰寺得錢四億。

◀ 南京雞鳴寺遠眺。雞鳴寺，又稱古雞鳴寺，其前身為梁武帝四次捨身入寺的同泰寺。

▲ 南京雞鳴寺山門。

「三武一宗」之難指什麼？

　　「三武一宗」，是指北魏太武帝，北周武帝，唐武宗和後周世宗。在中國歷史上，這幾位皇帝曾經發動過毀滅佛法的事件，使佛教在中國的發展受到很大打擊，因此在佛教史上被稱為「法難」、「三武一宗」之厄等等。

　　佛教是外來宗教，是一種異國的意識形態和文化現象，它在中國的傳播和發展，引起了與中國傳統思想文化及宗教的矛盾。另外，佛教的發展，消耗了大量的經濟資源。種種矛盾交織在一起格外突出時，便會導致透過政治和行政的手段加以解決。中國佛教史上所謂「三武一宗」之難，就是這種矛盾鬥爭激化的結果。

　　第一次「法難」發生在北魏時期。北

魏太武帝（四二四～四五一年在位）拓跋燾，是北魏皇朝的第三代皇帝。即位之初他曾信仰佛教，後來逐漸改信道教。西元四四五年，杏城蓋吳謀反，太武帝親自出兵討伐。當他率軍進入長安時，發現有些佛教寺院藏有兵器，此外又在寺院中查得酒具及大量錢財，還發現寺內有「窟室」，「與貴室女私行淫亂」，於是下令誅長安沙門，焚燒佛像，並命令全國各地廢佛。此次滅佛，由於各地沙門事先得到消息，提前亡匿，金銀佛像以及諸經論也大多被隱藏起來。但北魏境內所有寺院佛塔，幾乎都遭損毀。這是佛教在中國受到的第一次嚴重打擊。

　　第二次發生在北周武帝（五六一～五七八年在位）時。當時還俗沙門衛元嵩上書武帝，認為治理國家並不在於佛教，堯舜時沒有佛教，可國家卻十分安定，武帝表示贊同。於是多次召沙門、道士及百官辯論儒、釋、道三教先後，最後於西元五七四年下令禁佛道兩教，令沙門道士還俗為民，並禁絕儒家經典中沒有記載的各種祭祀。北周武帝還設立「通道觀」，使佛道兩教各若干人為「通道觀學士」，由官吏管轄。西元五五七年，北周滅北齊，周武帝在又北齊境內推行滅佛令，使「北地佛教，一時絕其聲跡」。此

被稱為第二武之厄。

　　第三次發生在唐武宗會昌年間，故亦被稱為「會昌法難」。唐武宗（八四一～八四六年在位）認為佛教「非中國之教，蠹害生靈」，所以想廢去，又得道士趙歸真、劉元靖等相助，遂於會昌五年（八四五年）下敕，於東西兩都兩街各留兩寺，每寺留僧三十人，節度觀察使治所和同、華、高、汝四州各留一寺，其餘非應留者皆毀去。據統計當時共毀佛寺四萬四千六百所，僧尼歸俗二十六萬多人。所廢寺院田產皆沒官，鐘磬銅像等都委鹽鐵吏鑄錢，鐵像委本州搗鑄農具，私家所有金銀等像，令一月內送

官。此被稱為第三武之厄。

　　第四次發生在五代時後周世宗（九五四～九五九年在位）統治時。周世宗於九五五年四月下詔，嚴禁私自出家，不經朝廷許可的寺院不准存在，必須廢去。此年廢寺三千三百三十六所，所毀銅像用以鑄錢。此次滅佛，距「會昌法難」一百餘年。佛教經這幾次打擊，歷代名僧章疏文論，散失佚盡，各種經論，多遭湮滅。

◀ 北京法源寺憫忠台的唐代石雕佛像。
▲ 山東濟南青州龍興寺貼金彩繪石雕菩薩三尊像。

北魏太武帝爲何滅佛？

　　北魏太武帝滅佛，並不是偶然的心血來潮，這一項重大措施的執行，具有深刻的社會政治、經濟背景。

　　首先，佛教的過分發展，加深了世俗地主階級與佛教上層僧侶階層之間的矛盾。在經濟上，佛教寺院經濟的發展，侵害了世俗統治者的利益。例如，僧尼享有免除賦稅徭役的特權，而且，當時僧尼大多不直接從事生產勞動，因此，如果出家的僧尼數量過多，就會影響國家的稅收和勞役。在傳統社會裡，戶籍人口的多少，直接顯示著一個國家力量的大小，因此大量在編之民投入寺院，減少了國家掌握的戶籍和人口，妨礙了社會經濟發展，這是國家不能容許的。此外，大量修建寺院佛塔，也要耗費社會巨大的人力和財力，同樣使國家經濟力量受到影響。總之，佛教力量的過分膨脹，給統治者帶來一定的不利因素。

　　從社會政治方面看，統治北魏的拓跋部落自進入中原以後，逐步採用了儒家思想進行統治，並運用了一些漢人儒生幫助他

建立國家。儒家思想強調華夷之分，這對他們不利。故拓跋貴族總是強調自己祖先是從中原遷至漠北，與漢族祖先是同出一支。這樣，在對待從西方傳來的佛教方面，就有一些排斥心理。如太武帝滅佛之時，曾稱西來的佛教僧侶為「乞胡」，襲用了當時反對佛教的一些漢人對他們的蔑稱。

佛道之間的矛盾激化，也是太武帝滅佛的重要原因之一。北魏時，北方道教也發展起來。當時有道士寇謙之，一方面在山中修煉，一方面著手改組原始道教，剔除原始道教中不適應當時社會的東西，寇謙之透過北魏司徒崔浩接近了太武帝，向太武帝宣傳道教，使太武帝逐步信奉道教。西元四四〇年，太武帝改國號為「太平真君」，表示他接受了道教信仰，後他又至道壇受道教符籙正式成為道教徒。信奉道教的司徒崔浩，以學識廣博而為太武帝所信任。崔浩對佛教是堅決反對的，因此太武帝反佛，多少是受其影響。

促使太武帝反佛的直接因素，則是一些佛教僧侶的不法行為。這次滅佛，雖然因太子拓跋晃的暗中庇護而減少了損失，但是這一行動對佛教徒思想上、心理上造成的陰影是極其巨大的，以致直接影響到後來中國佛教的發展。

◀ 雲岡石窟砂岩高浮雕飛天，雲岡石窟的開鑿約始於北魏文成帝和平元年（四六〇年）。

▲ 江蘇鎮江金山寺山門。金山寺是中國佛教禪宗四大名寺之一，建於東晉年間，距今已有一千六百多年歷史。

什麼是「僧官制度」？

　　僧官，是傳統社會中由朝廷任命管理僧尼事務的僧人。他的職責主要是掌管僧籍，以僧律統轄僧尼。協調佛教與國家管理之間的關係，在政府有關機構統領下，處理有關佛教的事務。僧官制度和寺院中僧事制度不一樣，它是佛教傳入中國後，受當時組織形式完整的官僚制度影響的產物。

　　根據《大宋僧史略》、《佛祖統紀》等史料記載，漢代佛教輸入中國之初，並未形成僧官制度。由於來華傳教的傳教師都是來自西域、印度等地，所以當時朝廷將他們安置於負責接待四方來賓的鴻臚寺，因此有關僧尼事務就由鴻臚寺直接掌管，漢魏之際沙門也隸屬於該寺。

　　僧官的設置，一般認為起於十六國時期的後秦。西晉末年，中原大亂，最後晉朝在骨肉殘殺中滅亡。當時江南是由琅琊王司馬睿所建立的東晉小朝廷，而北方則陷入各少數民族貴族發動的戰亂之中。在這種社會情況下，宣揚人生無常，生命是苦的佛教，獲得了許多信仰者。到姚秦統治時期（三八四～四一七年），國內「出家者十室而半」，西元四〇一年，鳩摩羅什入關，聞名而至者聚集長安達幾千人之多，這就需要有統一的管轄，一方面處理日常僧務，一方面約束僧尼的舉動，以防出現非法行為。為此，後秦主姚興於弘始七年（四〇五年）任命「僧正」、「悅眾」、「僧錄」，統管秦地僧尼，後來，一般以此為漢地僧官之始。

　　北魏道武帝曾於皇始年間（三九六～三九七年）敕任沙門法果為「道人統」，以統攝僧徒。這是北魏僧官之始。後來文成帝大力復興佛教，在中央設置「監福曹」，以道人統為監福曹正統，以都維那為副職。「道人統」後改稱「沙門統」，由曇曜出任沙門統。地方上則設「僧曹」，以州沙門統負責治事。孝文帝時，監福曹改為「昭玄寺」，置大統一人、統一人、都維那三人，並置功曹及主簿員等

職。宣武帝永平年間（五〇八～五一一年），又在各州郡諸寺設三綱（上座、寺主、維那）。北齊時，文宣帝天保二年（五五一年）設立「昭玄十統」，以十位高僧擔任；沙門法上為十統之首，稱「昭玄大統」，又稱昭玄統。此後中國歷代的僧官制度都有變動。

◀ 北齊石刻釋迦牟尼像。
▼ 北魏石刻佛祖像。

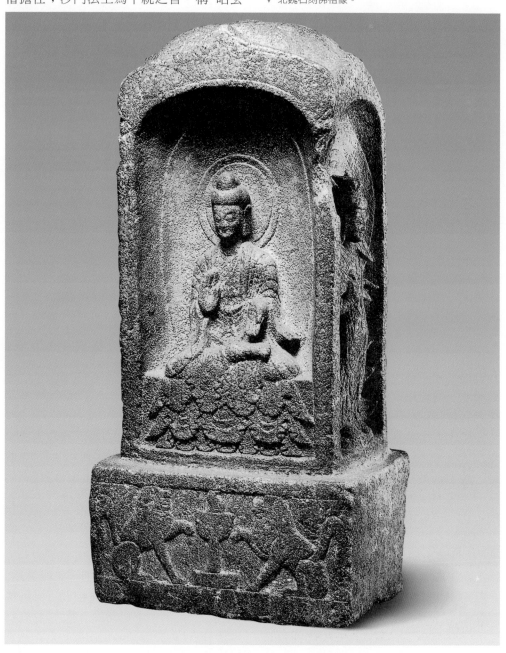

第一個西行求法的人是誰？

根據史籍，我們可以瞭解到，中國佛教歷史上第一個踏上西行求法這偉大而艱辛歷程的人，是曹魏時期的漢族僧人朱士行。

佛教在中國的傳播，依靠佛經的翻譯和流通。佛經來源除了靠來漢地傳教的西域或印度僧人隨身攜帶之外，還有許多是由漢地西行求法的人去印度本土或西域各國廣為搜羅來的。在中國歷史上，自魏晉南北朝一直到隋唐數百年間，西行求法之人絡繹不斷，他們憑籍一片真誠，懷著對信仰的追求，渡流沙，越蔥嶺，克服了千難萬險，來到異國他鄉，如饑似渴地汲取他國的文化，為發展各國和各民族之間的文化交流作出了巨大的貢獻。

朱士行是曹魏時代穎州地方人。少年出家，當時《僧祇戒本》剛剛傳來漢地，他是漢地第一批受過戒的出家沙門之一。在中國佛教史上，在朱士行之前，也有一些所謂的「出家人」，由於那時佛教的戒律並未傳入漢地，所以的「出家」只是剪去頭髮，以顯示與世俗的區別，但並未真正傳授過佛教的戒律。朱士行的出家則受持了戒律，儘管當時的戒律還不完備。因此由於這一點，後人也有將他作為第一個真正的中國佛教的

漢人出家人。

朱士行出家後精心研究佛教經典，當時「般若學」的研究剛剛興起，各種《般若經》在社會上流傳，而朱士行對於《般若經》的研究，更是格外用心。

《般若經》的流傳，可以上溯到漢末。當時支讖譯出《道行般若經》，一直在社會上很流行，形成漢代佛學的兩大系統之一。曹魏之時，由於「正始玄風」的影響，人們對與玄學有相似之處的佛教「般若學」的興趣也開始上升，研究《般若經》的人越發增加。但由於早期中國佛

教經典的翻譯還不夠完善，一些佛經翻譯者在翻譯過程中，遇上自己不懂的，或是理解不夠的地方，往往是誤譯，或只是簡單地加以刪略。這樣，使一些譯出的經文上下缺乏連貫，脈絡不清，有時導致經意不通，使讀者難以理解。此外，就翻譯的品質來說，早期的佛經翻譯往往較多直譯，即所謂「質過於文」，由於中國和印度之間的文化區別，以及語言文字方面表敘的習慣也不一樣，因此直譯的經文往往不符合中國人的閱讀習慣，會使人覺得經文晦澀難懂，這種情況引起許多人的不滿。朱士行在洛陽研究和講解《道行般若經》時，常感歎這樣一部大乘佛教的重要經典，卻是譯理不盡，使人不無法真正理解經文的意義，因此他發誓要西行求法，去尋求般若經的原本。

曹魏甘露五年（二六〇年），朱士行出長安西行，展轉跋涉，最後來到于闐。于闐為當時大乘佛教集中之地，藏有許多大乘佛典。西晉時由竺法護譯出的《光贊般若經》也是由于闐沙門祗多羅從于闐帶來梵本。朱士行在于闐獲《放光般若經》的「梵書胡本」九十章，六十餘萬言。但當時于闐國小乘佛教還有相當的勢力，小乘教徒阻撓大乘經典的傳播，因此朱士行未能很快將佛經傳回。直到晉太康三年（二八二年），即距他西行已經二十多年後，才由他的弟子弗如檀（法饒）將經典送至洛陽，又過了十年，至元康元年（二九二年）才由于闐沙門無叉羅，居士竺叔蘭等人譯出。朱士行本人則在八十多歲時病死在于闐，實踐了為法捐軀的誓言。

◀ 安西榆林窟第三窟玄奘西行求法壁畫。
▼ 于闐國王供養人像。于闐是絲綢之路上有著悠久歷史的古國。本圖顯示了于闐國時期人物的風貌。

法顯西行取經有什麼貢獻？

自曹魏時的朱士行起，到晉宋之際，中國佛教的西行取經形成了一股熱潮。許多漢地沙門或孤身西邁、或三五成群，結伴西行，取經求法。在這些人當中，東晉沙門法顯是取得成就最高，而且也是影響最大的一個。因此他被人們譽為「五世紀初的偉大旅行家」。

法顯是山西平陽郡人（治所在今山西省臨汾市西南），出身於一個篤信佛教的家庭，俗家姓龔。二十歲時他正式出家受比丘戒。晉安帝隆安三年（三九九年），據說這時法顯已經五十多歲了，這一年他約了慧景、道整、慧應、慧嵬四人，一同從長安出發，西行取經。

法顯一行沿途經西秦、南涼等地，於西元四○○年來到敦煌，又越過上無飛鳥，下無走獸，唯以死人枯骨為標識的沙漠地帶，到達鄯善國（今新疆若羌一帶）。四○一年，法顯來到西域佛教重鎮之一的于闐國，（今新疆和闐）。在于闐，他詳細考察了當地佛教流行情況、佛教遺跡，觀看了為慶祝佛誕而舉行的盛大的佛像遊行儀式，最後在四○二年越蔥嶺，進入北印度境內。法顯遊歷了印度的北部、中部許多地方，訪問了許多佛教勝地，學習了當地的語言文字，抄寫了許多佛教經典，最後於四○九年離開印度，坐船來到獅子國（今斯里蘭卡）。在獅子國留住兩年，搜求到《彌沙

塞律》、《雜阿含》、《長阿含》等經典，搭乘商船，打算取海路回廣州，但是途中遇到風暴，船在海中漂泊了九十多日，後飄到南洋群島的耶婆提國（今印尼）。在此停留五個月後，再次搭船向廣州進發。經過三個月艱難行程，最後在山東省牢山登陸，這時已是晉義熙八年（四一二年）。次年，法顯於陸路南下，來到了建康。法顯西行，首尾相計歷時十五年之久，歷經西域、印度三十餘國，途中備受艱難困苦，最後終於以大無畏精神，完成了他的旅程。

法顯在印度、斯里蘭卡等地搜得《摩訶僧祇律》、《薩婆多律》、《雜阿毗曇心》、《方等般泥洹經》、《彌沙塞律》、《長阿含》、《雜阿含》等佛教經律論多部。回國後，四一三年南下建康，居建康道場寺，與同居此寺的佛陀跋陀羅合作譯出《摩訶僧祇律》、《方等般泥洹經》、《雜阿毗曇心》等六部、三十六卷。

法顯對中國佛教發展的貢獻是巨大的。中國漢地所傳四部律中，由他帶回的就有三部。另外，他所帶回的《雜阿毗曇心》對當時毗曇學的發展，《方等泥洹經》的譯出對南北朝時佛性論的研究和討論，都產生了重要作用。除此以外，《長阿含經》、《雜阿含經》也是佛教重要經典。

法顯還把自己遊歷經過記錄成文，後人稱之為《佛國記》，或《法顯傳》。此書記述了當時中國西北地區以及印度、巴基斯坦、斯里蘭卡、印尼等國的地理形勢、社會經濟、文化、風俗、物產以及各地的宗教狀況，被認為是研究古代中亞、南亞諸國的社會歷史、經濟狀況、文化風俗和宗教信仰的寶貴資料。近代以來受到國際學術界的重視，並被譯為多種外文流行於世。

◀ 敦煌的西魏壁畫——四騎士與指揮官 。壁畫中的戰馬除眼、鼻和四足外，全身都得到盔甲的保護。
▼ 寧夏固原須彌山石窟，該石窟位於寧夏固原縣須彌山南麓，有一百多處北魏至明各個時期開鑿的石窟，其中北周造像最為精美。

眞諦在華譯過哪些重要經典？

　　真諦是南北朝時期最重要的佛經翻譯家之一。在中國佛教史上，他和鳩摩羅什、玄奘、義淨一起並稱為四大譯家。

　　據《續高僧傳》等記載，真諦出生於西天竺優禪尼國的一個婆羅門家庭，原名拘那羅陀。他少年出家，精於大乘佛教學說。後來，真諦泛海南遊，到達扶南國。梁武帝中大同元年（五四六年），

他應梁武帝派往扶南的使者之邀來華，到達廣州，當時他已年將五十。後兩年，他北上到達建康，但恰逢梁末「侯景之亂」，於是不得不顛沛流離於江、浙、贛、閩等地。在這段生活極不安定的時期，他到處流離，但在流離過程中他隨處翻譯，未曾中止。

　　天嘉三年（五六二年），時年六十四歲的真諦，決定乘船西行歸國。但中途由於風向轉變，又飄轉廣州，為廣州刺史所留。於是他又在廣州譯講《大乘唯識論》、《俱舍論》等。西元五六九年，真諦因病去世，時年七十一歲。

　　真諦的譯經，大部分是在流離遷徙途中隨處而出。他在華二十三年間，共譯出經論六十四部二百七十八卷（《開元釋教錄》作四十九部一百四十餘卷）。這在他同時代僧人中是很突出的。真諦傳譯的主要是大乘佛教「瑜伽行派」的論著。其中重要的，對中國佛教思想發展影響大的有《阿毗達磨俱捨釋論》（即《俱舍論》）和《攝大乘論》）。真諦譯《攝論》時，年已近七十，在翻譯過程中，他一章一句，仔細勘定，反覆講解。在他臨終前，還唯恐自己所傳《攝大乘論》、《俱舍論》以後無人繼承弘傳，為此他召集

弟子道尼、智敫等十二人，勉勵他們誓弘二論，勿令斷絕。可見他對此二論之重視。

《俱舍論》二十二卷，由印度佛教著名的論師世親著。這部論著主要是反映小乘佛教「說一切有部」的學說主張，同時也吸收了「經量部」的一些觀點。它以「五位七十五法」總括世界一切物質和精神現象，對「四聖諦」、「十二因緣」等佛教基本概念詳加解說。中心命題為「三世實有」、「法體恆有」。由於本書結構嚴密，對佛教基本概念解說清楚，所以往往被作為一部佛教辭書。書中一些基本思想後來被大乘佛教「瑜伽行派」所吸收，因此這部論著還常被作為研究法相唯識宗的入門書。

《攝大乘論》包括「本論」三卷和「釋論」十二卷，是印度大乘佛教「瑜伽行派」的重要著作之一。由「瑜伽行派」的創始人無著作論，世親作釋。此書集中闡述了「瑜伽行派」的學說，特別對成立「唯識」的理由、「三性說」以及「阿賴耶識」等問題作了詳細的論述。論中從十個方面有系統地論證「阿賴耶識」的存在，並以此為一切法的根本，進而形成「阿賴耶識緣起說」。真諦譯本的特點還在於在「阿賴耶識」之上又建立了一個真實純淨的「末那識」（又稱「無垢識」「淨識」）。由此清淨無垢的「末那識」發展而成的「真如緣起說」，對中國佛教華嚴宗以及其他派別形成有重大影響。

◀ 西安大雁塔玄奘譯經圖。 大雁塔坐落在長安大慈恩寺院內，玄奘曾為該寺住持，並在此翻譯佛經。

▲ 新疆庫車唐代古寺遺址。庫車即古龜茲地區，高僧鳩摩羅什即出生於此地。

「唐僧取經」是怎麼回事？

　　明代文人吳承恩在小說《西遊記》中具體、生動地描寫了唐僧師徒四人跋山涉水、降妖捉怪，最後取回真經的故事。在歷史上，《西遊記》中名叫玄奘的唐僧確有其人，而且他確實完成了西行取經的壯舉。歷史上的玄奘是位勇敢、無畏的高僧，是位偉大的旅行家、佛經翻譯家。

　　唐僧法名玄奘，俗姓陳，出生於西元六〇〇年，十五歲出家。出家後他曾在長安、成都等地參訪學習，經過一段時期的研究和學習，他覺得當時各家各派對佛教教義中的某些問題說法不一，各種佛經記載中也有互相矛盾之處，因而產生了要親自去印度學習、取經的想法。那時的邊關管制較嚴格，西行出關必須取得批准，於是他來到當時首都長安，上表陳情，請求西行求法。但這時唐朝初立，邊境不寧，朝廷嚴禁私人出境，所以他的申請未被批准。唐太宗貞觀三年（六二九年），長安鬧饑荒，朝廷允許百姓外出自行謀生，玄奘便乘機混入饑民隊伍離開長安，開始他的西行求法之路。

　　玄奘西行過程中，經姑臧（今甘肅武威），過敦煌，

越蔥嶺，翻雪山，歷盡艱險，最後終於來到印度。他到了印度摩揭陀國王舍城，入當時印度佛教最高學府那爛陀寺，從著名佛教學者戒賢等學習《瑜伽師地論》、《順正理論》、《顯揚聖教論》等論著。而那爛陀寺僧人對玄奘的品德和學識也十分欽佩，將他名列那爛陀寺精通三藏的十位高僧之一。玄奘在這優越的學習環境中奮發研究，探索學問，前後五年，取得了優異的成就。

　　五年後，玄奘開始外出巡遊。足跡所到之處，幾乎遍及印度各地。經過四年遊學，學問基本成就。他仍舊回到那爛陀寺，應戒賢之請，為寺眾講解《攝大乘論》、《唯識抉擇論》等大乘佛教經典，由於他深厚的學問功夫和精到的見解，所以他的講經受到寺眾的歡迎。於是他的聲譽日起，在那爛陀寺的地位僅次於

戒賢。

　　唐貞觀十九年（六四五年），玄奘攜帶在印度搜集到的大小乘佛經五百二十篋、六百五十七部，以及大量其他書籍、佛像等回到了祖國。玄奘回國後專心從事佛經的翻譯和佛學的研究弘傳事業。他先後在長安弘福寺、大慈恩寺建構譯經院，主持譯場工作，先後譯出大小乘經、律、論七十三部，一千三百三十餘卷。他所主持的譯場，聚集了各地名僧二十餘人，分別擔任檢查譯義、潤飾文句、推敲詞義、記錄抄寫等專門職司。由於玄奘本人佛學造詣精深，又精通梵文，譯場的分工細密、職責明確、組織完備，所以他所譯的佛經概念準確，文義通順連貫，釋義精確，而且還校正了舊譯中一些謬誤之處，譯經品質極高，在中國翻譯史上開了一個新紀元。此外他還將《老子》、《大乘起信論》譯為梵文傳到印度，為中印文化交流史翻開了新的一頁。

　　玄奘還將其旅途見聞寫了一部十二卷的《大唐西域記》。書中記敘了他在西行途中親身經歷的一百一十個和傳聞得知的二十八個國家和地區的風土人情、山川地理、物產氣候、文化政治等，是研究古代這一地區的歷史、文化、地理、宗教和中西交通的珍貴資料。《大唐西域記》的內容豐富，資料準確可靠，歷來為考古學和歷史學界所重視。現在這部書已被譯成多種文字流傳於世。

　　玄奘所譯的佛經在中國佛教史上有重大價值。他依據印度佛教「瑜伽行派」思想學說創立的法相唯識宗，在唐代盛行一時，並對近代中國佛教發展也產生過影響。他的堅韌不拔的意志和頑強奮鬥的精神一直為人們所欽佩。

◀ 唐僧取經雕塑。
▲ 玄奘回長安圖，唐貞觀十九年（六四五年）正月二十五日，玄奘取經後返抵長安時，「道俗奔迎，傾都罷市」，歡迎玄奘。此圖生動描繪了玄奘歸來時受到盛情迎接的場景。

義淨是怎樣一個人？

　　在中國佛教史上，有「四大譯家」的說法。這四人分別是姚秦時的鳩摩羅什、南朝梁陳間由印度渡海而來的真諦、西行求法的唐代高僧玄奘，還有一個就是從海路去印度取經，回國後從事譯經工作的另一位唐代高僧義淨。

　　義淨是山東濟南人，十四歲出家。他生活的時代，正是唐代國力興旺之時，西域和漢地交往頻繁。玄奘西行這一傳奇式的事件極大地刺激了佛教界的西行求法運動，一時因慕此壯舉而西去者甚多。在這股潮流影響下，義淨本人也仰慕法顯、玄奘的西行之事，立志要去印度留學求法。

　　當時西行的路線，有從陸地經西域入印度者，如玄奘。也有從廣州由海路轉道至印度的，義淨所取就是海道。唐高宗咸亨二年（六七一年），義淨從廣州搭乘波斯商船泛海南行，先到室利佛逝（在今馬來諸島中蘇門答臘島之東部），在此停居六個月，學習印度語文、音韻學。後於西元六七三年來到東印度，在耽摩利底國（古代東印度一小國，位於恆河河口）停留一年，學習梵語。其後往來

印度各地參觀巡禮，學習參訪。他在那爛陀寺留學歷時達十一年之久。那爛陀寺是印度佛教的最高學府，寺內佛學人才濟濟。玄奘就是在那裡成就了他的學問。義淨來那爛陀寺，曾從寶獅子等著名僧人學習佛教義理，他還特別注意考察當時印度的宗教生活方式和醫術。最後他在印度求得梵本佛經近四百部，五十餘萬頌，離開印度，取道回國。

　　在歸國途中，義淨重新經過室利佛逝，在這停留兩年多，從事佛經翻譯。西元六九一年，他托人送回他所翻譯的佛教經論以及所撰《南海寄歸內法傳》。至武則天證聖元年（六九五年）他才回到洛陽。他西遊前後歷時二十多年，遊歷了三十餘國。回來時武則天親自出迎，並將他安置在佛授記寺。義淨回來後曾參加于闐僧人實叉難陀的譯場，參與八十卷《華嚴經》的翻譯。

　　西元七〇〇年以後，義淨先後在洛陽、長安兩地組織譯場，主持佛經翻譯之事。從西元七〇〇年至七一一年之間，他譯出《金光明經》、《大孔雀王咒》、《根本說一切有部毗奈耶》、《成唯識寶生論》等經、律、論六十一部，二百三十九卷。義淨所譯佛經內容，大致可分三方

面：第一部分，也是他翻譯的重點，就是律藏。如《根本說一切有部毗奈耶戒經》、《尼戒經》、《百一羯磨》、《律攝》等。第二部分是與「瑜伽行派」有關的論著，因他留學的那爛陀寺學問偏重瑜伽一系，所以他在譯出律本以外，還譯出了瑜伽系的書好幾種。其中如無著和世親的《金剛般若論》的頌和釋，陳那的《集量論》、護法的《成唯識寶生論》等都是玄奘未曾譯的。第三部分是密教陀羅尼。義淨赴印的西元七世紀末，正是印度佛教中的密教興起之時，一些密教經典、教義也開始在漢地流傳。義淨歸國後譯出的如《金光明經》、《孔雀王咒》、《稱讚如來功德神咒》等都是密教的經典。義淨工作嚴肅認真，在譯音、譯義及考核文物制度方面尤其一絲不苟，常在譯文下面加注以作分析，因此他的譯經有獨到之處。

除了譯經外，義淨還有許多撰述，其中最負盛名的乃是他在歸途中寫成的《南海寄歸內法傳》和《大唐西域求法高僧傳》。前者詳細介紹了印度以及南亞諸國所行的佛教儀規，以及印度古代哲學派別，佛教發展歷史等，是研究印度和南亞諸國歷史、地理、宗教的珍貴資料。後者則記錄了自唐初以來六十位僧人西行求法的事跡，並義淨本人的自傳。書中記錄了當時西行的五條主要通道，以及印度一些著名寺院如那爛陀寺、大覺寺、羯羅寺等。不僅為研究唐初佛教史提供重要資料，而且是研究當時政治、經濟以及中西交通史的寶貴資料。

◀ 陝西銅川玉華宮肅成院遺址，這裡是玄奘最後四年譯經和最終圓寂之地。

▲ 高昌古城，古代絲綢之路的重要門戶，玄奘西行求法時經過此地，受到高昌王的禮遇並在此傳揚佛法。

天台宗是怎樣創立的？

　　位於中國東南沿海、浙江省天台縣境內的天台山，是中國佛教天台宗的發源地。天台宗在中國佛教史上佔有重要地位，而天台宗的創立則與陳、隋之間的僧人智顗對天台宗的創立具有非常重要的貢獻。

　　佛教自傳入漢地後，到了南北朝，已有幾百年歷史了。在這幾百年中，經歷了佛經傳譯的初傳階段、對於教義吸收融會的階段，到這時開始對佛教義理有了深刻的研究和理解。

　　魏晉以來，佛教經典開始被大量傳譯。特別是鳩摩羅什和真諦的翻譯，無論在數量上和品質上都比以前有很大提高。他們分別把印度大乘佛教「中觀派」和「瑜伽行派」的論著翻譯介紹進來，對中國佛教發展產生了很大影響。與此同時，中國佛教僧人對佛教義理的研究也取得了很大突破，對佛學的理解日益深入。在此基礎上，有些僧人開始比較有重點地開展對某些經論的研究，進而形成了一些佛學學派，如「地論學派」、「攝

論學派」、「三論學派」、「毗曇學派」等，都是在南北朝時期湧現出來的。在這種百家爭鳴的學術風氣熏陶下，一些佛教學者開始以新的觀點有系統地組織和發揮佛教某些經論的思想學說，進而創立了具有自己特色的中國佛教宗派。天台宗就是在這種背景下，由陳、隋之際著名的僧人智顗創立的。

　　智顗（五三八～五九七年），又稱「智者大師」，是荊州華容（今湖南華容縣）人。俗家姓陳，父親是梁朝的官吏。因梁末兵亂，家庭失散，所以十八歲時，即在湖南長沙果願寺出家為僧。二十三歲時，他來到光州（今河南光縣）左蘇山，投在當時北方著名禪師慧思門下。

　　智顗在慧思門下七年時間（五六〇～

五六七年）。在此期間，他勤奮努力地學習和修習，得到了慧思的讚賞。西元五六七年，慧思離光州去南嶽，臨行時囑智顗往金陵（今南京）傳教。於是智顗帶二十多人東行，來到當時陳朝首都，在瓦官寺開講《法華經》，受到陳朝君臣的禮敬。西元五七五年，他又和弟子二十餘人離開金陵，居浙江天台山，在山中建立居舍，研究教義，實踐修行。在此時期，智顗的佛學思想開始成熟。他以《法華經》為宗要，以《大智度論》為指針，參照其他經論，創立學說，開創宗義。他還在天台山開講《大智度論》，演說禪法。智顗從五個方面來解釋《法華經》題義，吸收和發揮慧文、慧思的「一心三觀」、「諸法實相」等說法，又以釋迦說法時按不同時間、不同對像說不同內容的經義，將佛陀一代說法分為「五時八教」，來判釋所有經教，進而奠定了天台宗的教觀基礎。

在隋代，智顗與晉王楊廣關係極好。楊廣任揚州總管時曾請智顗前往揚州傳戒，智顗即為楊廣授菩薩戒，楊廣則授智顗以「智者」稱號。西元五九五年，智顗重歸天台，此後他一直在天台講經說法，直到五九七年去世。

智顗一生著作，大部分由弟子灌頂在聽講過程中記錄整理成書。其中主要的《法華經玄義》、《法華經文句》、《摩訶止觀》被稱為「天台三大部」，是天台宗立宗開教的思想基礎。另外還有《觀音玄義》、《觀音義疏》、《金光明經玄義》、《金光明文句》、《觀無量壽佛經疏》等被稱為「天台五小部」。

◀ 天台山華頂寺僧人。
▼ 天台山是中國佛教天台宗的發源地，圖為浙江天台山國清寺。

「山家」派、「山外」派各指什麼？

「山家」和「山外」派，是宋代中國佛教天台宗由於內部爭論而分裂形成的兩個派別。

自智顗創立天台宗以來，隋唐時期一直很流行。但唐末會昌法難（八四五年），唐武宗滅佛，接著唐末五代的戰亂，天台宗的典籍散失佚盡，天台教觀的真實內容瞭解的人很少了。五代時吳越王錢俶曾應天台宗義寂之請，派人往海外求取天台教典，當時有高麗沙門諦觀來華，帶來了一些論疏著作，因而使天台宗在宋代得到復興。

復興後的天台宗，由於在某些問題上的看法不同而形成了兩大派，一派以義寂的再傳弟子知禮為首，稱為「山家」。此派還有知禮的弟子梵臻、尚賢、本如等人。另一派則有義寂同門志因的弟子晤恩、晤恩弟子源清、源清弟子慶昭、智圓等人。由於此派立說主張受他宗影響，所以被山家派斥為不純，而貶為「山外」。

山家和山外的爭論，以智顗所作《金光明經玄義》廣本的真偽為起點，並涉及到觀心的真妄、色法具三千與否等問題。

智顗作《金光明經玄義》，有廣、略二本並行於世。知禮之師義通曾講廣本，並著有《金光明玄義贊釋》及《金光明文句

備急鈔》等，但同時天台系的晤恩，則以廣本是偽作，他作《金光明玄義發揮記》專門解釋略本，其弟子源清等人亦著文支持師說。義通弟子和知禮則以廣本為真，作《釋難扶宗記》以張揚其說。於是兩派引起爭論。

關於觀心的真妄問題，亦是從《金光明玄義》廣本真偽問題引發的。晤恩以廣本為偽，主張觀心法門是真心觀，認為《玄義》在教義釋中已經說得很清楚，不必再作觀心釋，認為觀心釋是後人所加。因此他們一派主張真心觀，連帶主張真心無性惡，真如隨緣而起等說法。山家一派則與此相反，力主「妄心觀」。並認為「真如隨緣」是別教之說，別教所說的真如是超然於差別事相之外的，而圓教（天台宗）則認為真如之中本來具有差別的事相，因此事理相印相融，故主張「理具隨緣」之說。兩派意見相左，數度往復辯難，歷時七年之久。後來知禮將歷次往復問難集為《十義書》，又作《觀心二百問》，基本總結了這場論爭。

山家、山外之爭，是宋代佛教史上的一件大事。在這場論辯中，山外派立說有他宗之影響，故被斥為不純，其勢力不久即衰。山家一派則被作為代表天台教義的正統而盛行於南宋。

◀ 獼猴獻果圖。
▼ 天台山景色優美，是中國佛教天台宗的發源地。

「三論宗」主要研習哪三論？

「三論宗」是隋代形成的中國佛教宗派之一，由會稽（今浙江紹興）嘉祥寺的吉藏（五四九～六二三年）大師集大成。三論宗學說以《中論》、《百論》、《十二門論》為主要依據。

這三部論都是在姚秦弘始年間（三九九～四一五年）由西域僧人鳩摩羅什譯出。其中《中論》和《十二門論》由印度大乘佛教中觀派創始人龍樹所著，《百論》則由龍樹的弟子提婆所著。《中論》即《中觀論》，主要宣揚佛教「緣起性空」理論（認為任何事物都是由各種因緣和合而成，以本性為空）和「八不中道」（不生不滅、不常不斷、不一不異、不來不出）的中觀學說。《百論》主要是駁斥其他派別的觀點，論證世界萬有「畢竟空」的道理。《十二門論》是以十二個門類來解釋一切事物諸法皆空的義理。

自鳩摩羅什譯出「三論」後，南北朝時形成了一個研習「三論」的高潮。南朝梁武帝時，一位叫做僧朗的僧人，居攝山棲霞寺，大弘「三論」教義，被人稱為「攝山大師」。當時梁武帝曾派十名僧人入山，向他學習「三論」義理。其中僧詮學習最有成就，僧詮後來居於攝山止觀寺，專門弘傳「三論」，被稱為「三論新說」。僧詮門下著名的有興皇法朗，法朗的門人弟子遍及全國，隋代創建「三論宗」的吉藏大師就是他的弟子。

吉藏七歲時就從法朗出家。他學習攝山諸師所傳三論義理，有一定的造詣。陳末隋初之時，江南大亂，他乘亂在各荒廢寺院內廣泛搜集各種經論文疏，妥為收藏並加以研究，使學問大進。後來他移居會稽嘉祥寺，大開講筵，從其學者多至千人，後世稱為「嘉祥大師」。吉藏生平講「三論」一百多遍，並遍注「三論」，著有《三論玄義》、《大乘玄論》等著作，充分發揮「三論」學思想，成了「三論」學的集大成者。

◀ 地藏菩薩像，五代繪畫，現藏於英國不列顛博物館。圖中菩薩造型西元十世紀前後較流行的地藏菩薩樣式。

一度盛行的三階教是誰創立的？

三階教又稱三階宗、三階佛法，是隋代信行創立的一個佛教僧團組織。三階教興起於西元六世紀末，歷經隋唐兩代，前後發展約三百餘年，到唐末被人認為是異端邪說而遭到貶斥，日趨衰微，最後終於湮滅不傳。

三階教的創始人名叫信行（五四一～五九四年），魏郡（今河南安陽）人，十幾歲出家，刻苦修學。在修學過程中養成了與一般僧眾不同的見解。隋開皇三年（五八三年）開始，他在相州（今河南安陽）一帶提倡三階教法。信行提倡的三階教義得到許多道俗徒眾信奉，由此逐步形成一個信徒團體。隋開皇九年（五八九年），信行帶弟子僧邕等從相州來到京師長安，沿途宣揚三階教法。當時左丞相高穎在長安真寂寺內另建別院讓他居住，三階教隨之在京師傳播流行。不久，他即在京師修建了化度、光明、慈門、慧日、弘善五所寺院。有一批僧人紛紛傚傚他的行事，使三階教思想盛行一時。

隋開皇十四年（五九四年），信行病逝。此後，從隋開皇二十年（六〇〇年）到唐開元十三年（七二五年）的一百多年間，三階教曾遭到四次嚴厲打擊。特別是唐武則天聖曆二年（六九九年）和玄宗開元十三年（七二五年）先後下令限制三階教徒的活動，將三階教的所有經籍全部除毀。但在唐代宗、德宗時代（七六二～八〇四年）三階教又有復興。特別是貞元十六年（八〇〇年），化度寺僧人善才上書請求准許三階教典籍入大藏，得到批准，於是信行的《三階集錄》等著作又被編入《貞元新定釋教目錄》。三階教的

典籍以信行所著《三階佛法》四卷為主，這是信行從各經論中抄錄出來的，因此書題不一，分科繁雜，文句晦澀，解義紛亂，缺乏系統性和條理性，故而受到其他派別的指責。三階教因數度被毀，信行大部分著作如《對根起行法集錄》、《三階位別集錄》等均散失。近代發現的敦煌殘卷中，有《信行遺文》、《三階佛法》、《三階佛法密記》上卷、《對根起行法》、《無盡藏法略說》等多種殘留經書，說明當時三階教的確曾風靡一時。

▶ 地藏十王圖，五代繪畫，現藏於英國不列顛博物館。

華嚴宗由誰創立，其基本思想是什麼？

華嚴宗由唐代僧人法藏創立，以《華嚴經》為主要經典，所以稱華嚴宗。法藏曾被賜號「賢首大師」，所以佛教史書上有時又稱這一宗為「賢首宗」。又因華嚴宗以發揮「法界緣起」思想為宗旨，所以又被稱作「法界宗」。

法藏（六四三～七一二年）本姓康，祖籍為康居國（是古西域一城國，約在今巴爾喀什湖和鹹海之間）。曾拜智儼為師，研習《華嚴經》義理。法藏二十八歲出家為僧，受沙彌戒，並開始廣為講經。後來朝廷命令當時京城十大德（京內十大著名高僧）為他授「具足戒」（出家比丘所應尊奉的戒律）。自此以後，法藏廣泛參與佛教經典的翻譯，講經說法，著述立說等研究和傳教活動。特別是對《華嚴經》的翻譯、研究和宣傳，做了很大努力。

法藏曾先後講《華嚴經》三十餘遍。又著述百餘卷，大力組織發揮《華嚴經》思想，進而使華嚴宗規模具備，法藏本人也成了華嚴宗的實際創立者。法藏的

著作有《華嚴探玄記》、《華嚴五教章》等百餘卷，詳盡地發揮了華嚴思想。

華嚴宗的主要思想理論是「法界緣起」說。此宗認為宇宙萬物，都是由物質和精神兩個方面構成，這兩個方面互相依持，相即相入，圓融無礙，為說明這一道理，又用四法界、六相、十玄門等概念來加以說明。

所謂四法界是指「事法界」、「理法界」、「理事無礙法界」、「事事無礙法界」，這是華嚴宗用來說明人們對世界的認識從世俗到「佛智」的不同層次。「事法界」指宇宙萬有，即客觀的物質世界。華嚴宗認為這是不真實的存在，是假有。但其本身又是真如佛性的展現，故又可稱為「妙有」。這是華嚴宗與其他宗派看

法不同的地方。「理法界」即指真如體性，是本體世界，這是真實的，永恆的。「理事無礙」即指本體和現象之間的關係。真如之理，展現在一切事相之中，一切事相又反映了真如理體。理是本，是體；事是末，是用。理遍於事，事攝於理，因此理事無礙。「事事無礙」則反映了一切事物之間的相互關係，即同一和差異的關係。萬事萬物都攝於同一個理，從這一角度說，舉一物即包容一切事物，舉一塵即是整個世界，整個世界也即被包容在一塵之中。這就是華嚴宗說的「華藏世界海重重無盡」。

六相是華嚴宗用以說明法界緣起的三對範疇。它們是總和別、同和異、成和壞。華嚴宗以此說明一切現象雖各有自性，但可融合無間，沒有差別。即總相中有別相，別相中有總相。同異成壞也是如此。任何一個事物都包含了這六相。

十玄門則是具體發揮了《華嚴經》中教與義、理與事、境與智、因與果、體與用、逆與順、行與位、主與伴等十對與「佛智」有關的關係，華嚴宗以此十門論證佛法是一個整體。就廣義而言，用佛教的觀點，看到事物間無不是相即相入、圓融自在的關係。這十門是：同時具足相應門，一多相融不同門，諸法相即自在門，因陀羅境界門，微細相容安立門，秘密隱顯俱成門，十世隔法異成門，唯心

回轉善成門，諸藏純雜具德門，托事顯法生解門。

華嚴宗的形成和發展，對中國思想史的發展產生重大影響，特別是對宋明以後形成的程朱理學，影響尤為明顯。

◀ 重慶大足石刻寶頂山松林坡華嚴三聖像（南宋）。
▶ 西安華嚴寺國師塔。華嚴寺位於陝西西安市南，為中國佛教華嚴宗的發源之地。華嚴寺國師塔方形七層，塔上刻有「大唐清涼國師妙覺之塔」字樣。

法相宗的基本思想是什麼？

法相宗又名「唯識宗」，是在唐代年間創立的中國佛教宗派。由於這一宗的創始人玄奘及窺基長住長安大慈恩寺，所以有時又被稱為「慈恩宗」。

玄奘有系統地翻譯了大乘佛教「瑜伽行派」的經論，進而為法相宗的形成奠定了理論基礎。在翻譯過程中，他隨譯隨講，培養了一大批弟子，通常以神昉、嘉尚、普光、窺基四人最為著名。他們著書立說，對瑜伽行派的典籍著論作疏，發揮了玄奘所傳的學說，擴大了法相宗的思想影響，在這些弟子中，以窺基成就最為突出。

窺基（六三二～六八二年）曾參加玄奘《成唯識論》的翻譯工作，此論是《三十唯識頌》的集注，當時印度註釋《三十唯識頌》的有十家，玄奘原打算將這十家註釋全部譯出，後來採取了窺基的建議，雜糅十家於一書，即成《成唯識論》。窺基為此論翻譯時的筆受，窺基後來作《成唯識論》的《述記》和《樞要》，發揮論中精義。除此以外，窺基還著有《瑜伽論略纂》、《雜集論疏》、

《百法論疏》等多種著作，有「百部疏主」之稱。這些論著豐富了法相宗的內容。

窺基以後，傳揚法相宗的還有慧詔（六五〇～七一四年）及其弟子智周（六六八～七二三年）等人。

法相宗的基本思想，可以用「三界唯心，萬法唯識」作為概括。他們按照瑜伽行派的學說，把「識」按其作用和變現分為三類八識。第一類為眼識、耳識、鼻識、舌識、身識、意識六種，其中前五種是眾生與客觀世界接觸時產生的感覺作用，第六種意識參與前五識活動，在感覺時起辨別認識作用。它們以各自相應的思維、感覺器官（眼、耳、鼻、舌、身、心）為依據，其產生作用的對象則是相應的色、聲、香、味、觸、法等外界現象。第二類為第七末那識，這是意識之根，是前六識和第八識之間的中介，它的職能是產生思維、衡量作用。第三類即第八阿賴耶識，又名「藏識」。是諸法的種子所藏之處，因此它是世界萬物之根源，又是前七識的共同依據，第七識又以它為自己存在的前提和認識對象。這樣，法相宗所說的認識活動，只是前七識對第八識的認識，這是一個封閉的體系，因而得出「萬法唯識」的結論。

為闡述「萬法唯識」思想，法相宗又提出了「三性說」。三性的關係是以「依他起性」為中心展開的。依他起性是以心識為因緣而派生的，若對此派生的現象界

執為實有，便成「遍計
執」的錯誤認識；若排
除把客觀現象看做實有
的觀念，認識圓滿成就
的真如佛性，就成「圓
成實性」。這樣，一切
都由心識產生，若無心
識，即無客觀外境，這
就構成了法相宗所說的
《唯識無境》理論。

　　法相學派在分析認識的職能和作用
時又提出「四分」說，即相分，見分，自
證分，證自證分。相分即認識的對象，
它不是客觀的事物，而是由八識所表現
的虛幻現象，但除相分外，沒有另外可
脫離八識的客觀外境存在。見分即識體
對相分的認識作用。自證分是證知識體
對形相認識的辨別作用，即見分對相分
作用的自覺。證自證分是對自證分的再
證知。四分的關係，好比量布，相分好
比布，見分如同尺，用尺量布，就是對
事物的認識過程，自證分即對這一過程
的證知，好比根據尺度所量而知布的長
短，證自證分是對所量布的長短的核
實，這是認識能力的最高階段。

　　法相學派又把宇宙萬有的物質和精
神現象概括為「五位百法」。「五位」即心
法（精神現象）、心所法（心的隨屬現
象）、色法（物質現象），心不相應行法
（非物質非精神現象），無為法（不生不滅
的現象）。五位中又各自詳細分為若干
種，合而為百，故稱為「五位百法」。

　　法相宗的思想體系比較複雜繁瑣，
基本上照搬了印度佛教瑜伽行派的學
說，它在唐代曾盛行一時，但不久就趨
於衰弱。其社會影響遠不及中國佛教其
他一些宗派。

◄ 西安大雁塔。唐代高僧玄奘自印度歸來帶回大量梵文
　經典和佛像舍利，為了供奉和貯藏，經玄奘上表請求
　建造此塔，是唐代樓閣式磚塔的代表。

▲▲ 陝西銅川玉華宮發掘的玄奘「佛足印」手書真跡，它
　的出土澄清了佛足印的歷史淵源，即玉華宮之佛足印
　刻石確係玄奘法師從印度摩揭陀國拓印回國並親自手
　書銘文。

▲ 西安薦福寺小雁塔，與大雁塔相距三公里，因低於大
　雁塔，故稱「小雁塔」，是一座典型的密簷式佛塔。

「開元三大士」是指誰？

所謂「開元三大士」，是指唐開元年間（七一三～七四一年）在長安從事譯經、傳教活動的印度僧人善無畏、金剛智和不空三人。西元八世紀正是印度佛教密教興起之時，因此他們來華傳譯的主要是密教經典。他們三人也成為中國佛教密宗的創始人。

善無畏（六三七～七三五年）是中印度摩揭陀國人。唐開元四年（七一六年）來長安，開元五年（七一七年）奉詔在菩提寺譯經。後來又隨駕入東都洛陽，住大福先寺。他在長安、洛陽兩地譯出密教經典多部，其中最重要的是《大日經》（《大毗盧遮那成佛神變加持經》）。這部經主要講密教的基本教義和各種儀軌、行法等，為中國佛教密宗的形成奠定了基礎，善無畏本人亦受唐代皇帝的崇信，曾被唐玄宗禮為國師，又主持內道場，還被尊為灌頂大阿闍梨。

開元八年年（七二〇），印度僧人金剛智（六六九～七四一年）由海路到廣州，又北上來到洛陽、長安，亦被唐帝尊為國師。金剛智往返於洛陽、長安兩地，弘揚密教教義，按密教儀軌建立傳法道場，翻譯密教經典。

金剛智的弟子不空（七〇五～七七四年），原為獅子國（今斯里蘭卡）人。他與金剛智一起來到漢地，從事譯經和傳教活動。他於西元七四六年奉詔入宮，建曼荼羅道場，為唐玄宗施行灌頂儀式。不空晚年曾命弟子在五台山建金閣寺，作為密宗專修場所。他先後譯出密教各種經典多部，其中主要的有《金剛頂經》（《金剛頂一切如來真實攝大乘現證大教王經》）。

以上善無畏、金剛智、不空，在中國佛教史上被稱為「開元三大士」。由於他們的大力宣揚和努力活動，逐漸形成了中國佛教中以修密為主的一個宗派——密宗。

▲ 重慶大足縣北山佛灣第一一九號不空四絹觀音龕。

爲什麼說律宗是「由小入大」？

佛教傳入之初，大小乘佛教同時傳入中國。由於大乘佛教的教義與修行方式更加適合於中國的社會環境和人們的心理，於是慢慢成了中國佛教的主流。原來屬於小乘的一些學說，也被逐步改造以適應大乘佛教的流行，例如律宗就是如此。

律宗是唐代形成的中國佛教宗派之一，這是一個以研習和傳承戒律為主的宗派。印度佛教各部派的戒律，傳到中國的主要有四部，它們是《十誦律》、《四分律》、《摩訶僧祇律》和《五分律》。律宗以《四分律》為主要依據，所以又稱「四分律宗」。

唐代律宗主要分為南山、相部、東塔三大派，它們之間互有爭論，相部與東塔的爭論尤為激烈。後來，相部、東塔二系逐漸衰微，只有南山一派傳承不絕，成為律宗的正傳。

南山律宗由道宣律師（五九六～六六七年）創立。道宣是唐代著名的佛教學者，所著《廣弘明集》、《唐高僧傳》、《集古今佛道論衡》以及《大唐內典錄》等，都是佛教史的名著。他曾長年隱居於終南山，故後人稱他一派為「南山律宗」。道宣有關律學的著作，有《四分律比丘含注戒本注》、《四分律刪補隨機羯磨疏》、《四分律刪繁補缺行事鈔》等，這三部著作被稱為律宗三大部，是律宗教義的主要基礎。

律宗的主要學說是戒體論。唐代律宗三部發生的爭論主要也是這個問題。佛教把諸戒分為戒法、戒體、戒行、戒相四個部分。戒法即佛所制定的各種戒律；戒體是受戒時領受者本身產生的一種防非止惡的功能；戒行是依戒而作之行動；戒相是表現於外的軌範相狀。唐

代律宗三部主要爭論的是戒體究竟是「色法」還是「心法」，即究竟是物質性的還是精神性的。道宣一派把戒體解釋為心法，認為戒體是受戒者的自心法體，即受戒者在接受戒律時內心產生的一種心理上的防範功能。這種解釋後來為其他各派接受，進而解決了戒體問題的爭論。

《四分律》原為小乘佛教曇無德部的律典。在中國流傳過程中，被用大乘教義加以解釋。如道宣在《四分律羯磨疏》中找出種種理由來證明《四分律》分通大乘。《四分律》中記載，有一個叫杳婆的比丘，在修成了羅漢果（小乘佛教的最高果位）之後，產生了厭棄此身無常之心，期望修習利他之行，道宣認為這就是通向大乘的一個證明。由此而形成了律宗「由小入大」的說法。

▲ 弘一法師，是近代著名的律學大師，重興南山律宗的第十一代祖師。

淨土宗是怎樣形成的？

　　淨土宗不像其他佛教宗派那樣有明確的師承關係。它由後代僧人推舉前代一些宣揚淨土往生的著名僧人為歷代祖師，進而形成淨土宗的傳承關係。淨土宗由於簡單易行，一直受到社會各階層，特別是民間下層群眾的信奉，成為中國佛教的一個重要派別。

　　淨土宗立祖之說最早起源於宋代，宋代僧人宗曉（一一五一～一二一四年）作了一部宣揚淨土宗的書籍，叫《樂邦文類》，書中首推東晉盧山慧遠為宣揚淨土的始祖，又以善導、法照、少康、省常、宗賾等五人為歷代繼承者，由此形成淨土宗的歷代傳承世系。後來宋代僧人志磐作《佛祖統紀》，將宗曉推定的世系改為慧遠、善導、承遠、法照、少康、延壽、省常等為七祖。明清之際，一直到近代，又經過多次推加更改，形成了所謂淨土十三祖之說。

　　東晉慧遠被推為淨土初祖，這是因為他曾與同道多人在盧山阿彌陀佛像前發誓，願往西方淨土的緣故，其實他的修行實踐與後世以口誦佛名為主的稱名念佛有很大的差別。後世流行的淨土宗，是以稱名念佛為主要修行方法的佛教宗派。對這樣一種淨土宗的形成作出重大貢獻的是北朝的曇鸞，和隋唐之際的道綽、善導等。

　　曇鸞（四七六～五四二年）是北魏人，他先後在并州大巖寺、汾州石壁玄中寺大力弘揚淨土法門。所作《往生論注》中提出難行、易行二道之說，為淨土宗的思想基礎之一。

　　道綽（五六二～六四五年）是隋唐之際人，他每日勸人誦念阿彌陀佛名號，身體力行，前後講《觀無量壽經》近二百遍，於是稱名念佛的淨土修行方法很快在各地傳播。

　　善導（六一三～六八一年）山東人，他曾將佈施所得用以抄寫《阿彌陀經》數萬卷，又畫《淨土變相》三百餘壁，擴展了淨土思想在民眾中的影響。

　　由於道綽和善導的大力宣揚和努力活動，淨土宗才逐步發展成為中國佛教中最為流行的派別之一。

▼ 山西玄中寺，中國佛教淨土宗的名刹，高僧曇鸞曾在此弘揚淨土法門。

淨土宗的主要特點是什麼？

淨土宗是專修往生西方阿彌陀佛淨土的一個宗派。由於其簡單易行，沒有深奧的理論和繁瑣的修行方法，所以自唐代以來，廣泛流行，成為中國佛教的一大主流。

按照佛教的說法，佛的國土是相好莊嚴、潔淨美好，沒有任何污染，因此稱為「淨土」。而世人所居之處，則充滿污濁，故而稱作「穢土」。生於「穢土」的人，如果透過一定的修行，有希望在未來之世降生於佛的國土，享受「淨土」的一切美好幸福，有機會聆聽佛的教誨，進而獲得更大的修行成果，這就是淨土信仰。

佛教傳入中國早期，流行著多種淨土信仰，包括信仰東方藥師琉璃光佛的淨土以及西方阿彌陀佛的極樂淨土，還有未來佛彌勒的兜率天宮淨土等等。在北朝石刻造像碑銘中，我們也可發現大量表示對各種淨土信仰的造像、銘文等等，說明在隋唐之前，民間流行著多種淨土信仰。到了後來，西方淨土成為淨土宗信仰的主要內容。

從修行方式來看，淨土宗的重要特點是所謂依「他力」而行。按淨土宗的說法，要想修成佛道，只有依靠阿彌陀佛的「願力」。所謂阿彌陀佛的願力，是指阿彌陀佛成佛以前，在法藏比丘時曾經發下四十八個大誓願，其中一個就是，如有人念阿彌陀佛的名號，此人臨終之時，阿彌陀佛將接迎他往生於西方淨

土。淨土宗的教義及修行方法就是建立在這一誓願的基礎上。依靠佛的誓願的力量，往生西方淨土，這就是淨土教徒所謂的「他力往生」。

由「他力往生」引出的結果，就是淨土宗的修行方法特別簡單易行。所需要的，只是口誦念佛，就能橫超三世，往生極樂世界。因此這一宗派特別受到社會民眾的歡迎。

▲ 青龍寺二祖像。

「極樂世界」是怎麼回事？

　　「極樂世界」也稱淨土、樂邦，指佛教徒所信仰的沒有苦難的理想世界。淨土的思想起源很早，在婆羅門教和小乘佛教的一些派別中就有它的淵源。阿彌陀佛淨土與彌勒淨土、藥師淨土同為中國佛教徒所信仰的三大淨土。

　　佛教認為，時間無始無終，空間無邊無際，佛土（世界）無窮無盡，極樂世界即是這無窮無盡世界中的一個。在這無窮的時間和空間裡，有無數佛，每一個佛都有屬於自己教化範圍的國土，稱為「佛國」或「佛剎」。又因佛的國土清淨無染，相對於世俗人所居的「穢土」而言，稱為「淨土」。小乘佛教中已有人信仰淨土往生。但是作為一種有系統的思想派別，「極樂世界」學說是在大乘佛教時期形成的。在各種宣揚淨土思想的佛經中，關於阿彌陀佛淨土的經典數量最多，而且特點也很突出，因此對西方阿彌陀佛的淨土信仰越來越普遍，並逐步演變成為淨土信仰的主流。

　　在大量宣揚阿彌陀佛淨土的佛典中，以《無量壽經》、《阿彌陀經》和《觀無量壽經》三部影響最大，這三部經被後來的淨土宗奉為「淨土三大部」。按照這些經的說法，在我們這個世界的西方，過十萬億佛土，有一世界，名叫「極樂」，這一世界的教主，稱為阿彌陀佛。在極樂世界中，無量功德莊嚴，國中聲聞，菩薩無數，講堂、精舍、宮殿、樓觀、寶樹、寶池等均以七寶莊嚴，微妙嚴淨，百味飲食隨意而至，自然演出萬種伎樂，皆是法音。其國人等智慧高明，顏貌端嚴。但受諸樂，無有痛苦，皆能趨向佛之正道。這些經還宣稱，只要信奉西方淨土，常常誦念阿彌陀佛名號，死後就能往生阿彌陀佛的極樂淨土，享受無盡的歡樂。

　　《藥師如來本願功德經》等描繪了東方藥師佛居住的琉璃世界。琉璃世界也是佛教徒所嚮往的理想國土。那裡的地面由琉璃構成，連藥師佛的身軀，也如同琉璃一樣內外光潔，所以稱琉璃世界。佛經上說此世界和西方極樂世界一樣，具有說不盡的莊嚴美妙；那裡沒有男女性別上的差異，沒有五欲的過患；琉璃為地，金繩界道；城垣、宮殿都是七寶所成。人們只要在生前持誦《藥師經》，稱念藥師佛名號，並廣修眾善，死後即可往生琉璃世界。

　　淨土思想儘管是一種虛幻的空想，但在一定程度上反映了人們的一些美好願望，所以在民眾中影響很大。

▶ 寒山拾得圖，明代繪畫。寒山與拾得是唐代貞觀年間兩位高僧。

武則天爲什麼支持佛教？

武則天是中國歷史上第一個，也是惟一的一個女皇帝。武氏需要尋求來自各方面的支持。而佛教對她的支持更是她所歡迎的，所以唐代武則天時期，朝廷特重佛法。

武則天在位二十餘年（六八四～七○四年），但就在她臨朝稱制之前，於唐永徽六年（六五五年）當上皇后時，即開始參與朝政。接著，在麟德元年（六六四年）後，她又開始垂簾聽政，事無大小都親自過問，當時人們稱之為「二聖」。所以，前後算起來，她實際執掌政權將近四十年。

武則天支持佛教，表現在各個方面。首先，她曾親自參與組織了《華嚴經》的翻譯。《華嚴經》在東晉時曾有佛陀跋陀羅的六十卷譯本，但這一本子並不完整。於是在武則天時曾派人去于闐求取梵文的全本，組織僧人進行翻譯。當時由著名譯經僧實叉難陀主持譯事，從

西元六九五年起，至六九九年完成，這就是八十卷本的《華嚴經》，相對於東晉的譯本，亦稱為「唐譯」。中國佛教宗派之一的華嚴宗，就是依據《華嚴經》的教義思想，在唐武則天時創立的。

其次，她結交僧人，給一些著名僧人以很高的禮遇。如禪宗北宗的神秀，被她請到京師，「親加跪禮，時時問道」。她還經常請華嚴宗的創始人法藏入宮講經說法，並賜法藏為「賢首」國師的稱號，等等。

第三，她還對佛教在經濟上以大力支持，並熱衷於建寺造像之事。如著名的龍門奉先寺盧舍那佛的造像，就是在她直接支持下雕鑿的。據說為了雕鑿此

像，武則天還捐贈了二萬貫脂粉錢。

武則天支持佛教不遺餘力，佛教的僧徒們也為其登基大造輿論，作為回報。永昌元年（六八九年），有沙門十人偽撰《大雲經》上獻於朝廷。《大雲經》中講，有一位名叫「淨光天女」的菩薩，佛預言她要以「女身」為統治天下的帝王，而且這一女王，將來還要作佛，等等。以此暗示武則天將成為女皇，是順應了佛的旨意。武氏得到此經，欣喜萬分，隨即下令天下各州都要建立「大雲寺」，又度僧千人以祝賀其事。在《大雲經》頒布天下的第二年（六九〇年），武則天改國號為周，改元「天授」。西元六九二年，又因佛教《大雲經》為武氏奪取天下立下了汗馬功勞，所以一反李唐時「道在佛先」的排列，定為佛在道之上。而偽撰《大雲經》以及為經制疏的一些沙門，也因此都得到了豐厚的賞賜。

唐長壽二年（六九三年），有僧人菩提流志譯出《寶雨經》十卷。經中講到，有東方日月光天子，乘五色雲來到佛的所在，佛為他授記，講他日後當在「摩訶支那」國，現女身為王，以佛法教化眾生，建立寺塔，供養沙門。據查《寶雨經》到唐代共有過三譯，唐以前梁、陳時所譯的本子都沒有這段文字，因此很明顯這是唐譯本偽造，是專門為武氏登基製造輿論根據的。就在此經譯出這一年，武則天即加尊號為「金輪神聖皇帝」。由此可見，武則天大力護持佛教的發展，是有其特定的歷史背景和政治目的的。

▼ 番王禮佛圖，此圖描繪中國周邊少數民族酋長、番王朝拜佛祖的情形。

達摩「面壁九年」是怎麼回事？

菩提達摩，在中國佛教史上是一個帶有神奇色彩的人物。禪宗僧人稱之為東土禪宗初祖，說他來到中國後，曾因與梁武帝話不投機，而後「一葉渡江」，來到北方，到達洛陽、嵩山一帶。他曾在嵩山少林寺面壁九年，終日默然，世稱「壁觀婆羅門」。

據道宣《續高僧傳》記，菩提達摩是南印度人，因其「遊化為務，不測所終」，所以生卒年不詳，據禪宗的《傳法寶記》等一些資料說，達摩曾六次被人下毒，最後是受毒而亡。據推測，達摩大約死於西元五三〇年左右。《洛陽伽藍記》記達摩「自云一百五十歲」，這是作者楊炫之據傳聞而記，他本人也未見過達摩，故其確切性是有問題的。相傳他由海路到達中國南方，在梁武帝時到達南京，據敦煌發現的《壇經》抄本講，梁武帝曾召見他，說自己一生建造佛教寺院，佈施佛教，供養僧眾，為佛教做了這麼多的事，有什麼功德？達摩回答，雖然做了這許多事，但實際上並無功德。這一回答引起了梁武帝的不快，就不願再多理他，並將他遣出梁地。達摩來到北方後所提倡的禪定修行方法，與過去流行的調息止心的修禪方法不同，因此遭到了人們的冷遇，甚至遭到一些人的譏謗。《續高僧傳》講，當時「文學之士多不齒之」。

所謂「面壁九年」之說，和他所傳的禪學有關。達摩所傳之禪，以《楞伽經》為依據，他提出「理入」和「行入」的修行方法。所謂「理入」就是「壁觀」。有人把「壁觀」理解為「面壁靜坐」，於是產生了「面壁九年」的說法。其實所謂「壁觀」是個虛擬的比喻，是說透過這種禪定修行，使人心如牆壁，不偏不倚。這種修行方法實際上是要修行者除去主觀思維和認識作用，對於客觀事物不起分別和執著，即「令捨偽歸真，凝住壁觀，無自無他，凡聖等一，堅住不一，不隨它教」。這樣就能「與道冥符，寂然無為」，達到佛教所說的「涅槃境界」。所謂「行入」有四種：一報怨行，即要求修行者甘心受苦，遇事不起愛憎之心；二隨緣行，即不計較於客觀外界環境和個人遭遇，一切隨遇而安；三無所求行，放棄任何要求和願望；四稱法行，一切行為要符合佛教教義和要求。

達摩的禪法，著重於修行者本身思想意識的轉變，因而在實際修行方法上則比以前流行的禪法簡單。他的這一套方法，經過幾代傳承，有了很大的發展和變化，到了唐代，終於形成了中國佛教宗派中一個重要的派別——禪宗。

▶ 達摩像，描繪的是被稱為西天禪宗第二十八祖和東土禪宗初祖的達摩。

「六祖」慧能是怎樣一個人？

慧能在中國佛教史上是一個重要的人物，他被列為禪宗「六祖」，但實際上是禪宗南宗的創始人。以「不立文字，直指人心」為標誌的佛教禪宗南宗，到了慧能時代，才開始真正形成並逐步興旺發達。

慧能，又作惠能，生於唐太宗貞觀十二年（六三八年），死於唐玄宗先天二年（七一三年）。俗家姓盧，原籍河北范陽，他的父親是唐代的一個小官吏，後因事被貶至嶺南，因此全家南遷，到達廣東新會。慧能幼年喪父，生活艱辛貧困，曾經以砍柴為生，母子相依為命。

據說一次慧能在賣柴時聽人誦念《金剛經》而有所感悟。經過向人打聽，得知當時五祖弘忍在湖北黃梅東山講經授法，門下弟子有千餘人，乃決定前往黃梅參禮五祖。相傳慧能本人並不識字，但在當時佛教盛行的社會條件下，他有可能得到環境的熏陶，耳濡目染，進而對佛教產生了興趣，並對佛教的教義思想有所理解。

慧能去黃梅參禮五祖，大約在唐高宗咸亨年間（六七〇～六七四年），此時他已年過三十。開始時他只是在弘忍門下做一個行者，分在碓坊舂米劈柴，作一些體力雜活，這樣經過了八個月。有一天，弘忍要選衣缽傳人，要門下弟子每人作一偈，寫下自己學習和修行的心得，藉以觀察弟子們學習和領會佛教義理的深淺。當時有弘忍大弟子神秀上座題偈於南廊壁間，偈曰：

身是菩提樹，心如明鏡台。
時時勤拂拭，勿使惹塵埃。

慧能聽人誦念此偈，認為這並非是徹底領悟，於是請人復題一偈於壁，偈曰：

菩提本無樹，明鏡亦非台，
本來無一物，何處惹塵埃。

慧能所做之偈，被弘忍看中，認為已經徹見本性，可以傳承自己的衣缽，於是秘密召見慧能，授予衣缽，立為禪宗六祖，並囑咐他「善自護念，廣度有情，流布將來，無令斷絕」。

◀廣東曹溪南華禪寺山門
▶唐代石雕觀音像，該造像體形豐滿，線條流暢，藝術造詣甚高。

當時佛教宗派內部，爭奪正統地位的鬥爭十分激烈。慧能得法後，為防人謀害，連夜離開黃梅，秘密回到南方，長期隱居在民間，秘而不宣得法之事。大約過了十多年，才在廣州法性寺由印宗法師薙髮剃度，正式出家。自此以後，慧能才開始正式公開從事傳教活動。

慧能長期居住在曹溪寶林寺，後來名聲越來越大。他門下形成禪宗南宗一派。由於慧能所說的教法標榜「不立文字」，見性即悟，即身成佛，用不到累世修行，又不用繁瑣的哲學思辨，因此很受中國古代士大夫和文人學士們的歡迎。再加上他的弟子們在各地大力宣揚，使慧能為代表的禪宗南宗逐漸成為禪宗的正統。慧能本人曾應刺史韋琚之請，在廣州城內大梵寺演講佛法，由其弟子法海等記錄，成為後世流傳的《壇經》。

▶ 六祖像圖，描繪禪宗六祖慧能樹下誦經，前有三僧談論的情形。

神會在禪宗發展史上有什麼貢獻？

禪宗五祖弘忍以後，禪宗南北宗之間爭奪正統地位的鬥爭一度十分激烈。慧能的弟子神會北上，爭辯兩派之間是非，使南宗頓悟法門得以流傳北方，並逐步成為禪宗的正統。

慧能從五祖弘忍處得法後，為防別人爭奪傳法衣缽，曾隱居獵戶處長達十多年。後來他在曹溪寶林寺傳法，開禪宗南宗頓悟法門。慧能生前，禪宗南宗並未成為禪宗的正統，慧能的同學神秀上座作為禪宗北宗的領袖，深得唐朝廷上下的尊崇，在佛教界影響大大超過慧能。

神會（六八六～七六〇年），俗姓高，湖北襄陽人。大約在西元七〇八年，跋涉千里，來到韶州追隨慧能。慧能去世後，神會在曹溪住了十多年。

當時中原長安、洛陽之間，盛行禪宗北宗神秀的學說。神秀主張「漸修」說，與力主「頓悟」說的慧能南宗迥然異趣。為了宣揚南宗頓悟思想，爭奪禪宗正統地位，神會在西元七三〇年左右隻身北上，先來到東都洛陽，大力弘揚五祖弘忍傳法慧能之事，並力主從達摩至慧能的六代傳法世系。接著與北宗代表人物進行多次辯論，極力攻擊以神秀為代表的北宗「傳承是傍，法門是漸」，並非禪宗的正統。神會以「頓悟」說針鋒相對地反對北方流行的「漸悟」說，在當時影響極大，因而引起了一些人的疑懼，最後終於因他人誣告而被逐出京師。

唐玄宗天寶年間，發生「安史之亂」，兩京淪陷，玄宗被迫避難逃到巴蜀。為平定叛亂，需要一大批軍費開支，當時國家財政困難，於是朝廷公開設戒壇度僧尼，收取度僧的「香火錢」以充軍需。當時神會主持此項事務，因而為唐室的復興立下了汗馬功勞。安史之亂平定後，肅宗為他在洛陽建荷澤寺，並下詔入內供養，不久神會病死於荷澤寺。

唐德宗貞元十二年（七九六年），朝廷正式以神會為禪宗七祖。於是以慧能為代表的禪宗南宗逐漸成為禪宗的正統。

◀ 廣東韶關曹溪南華禪寺藏經閣內千斤銅鐘的獸型吊環。

禪宗「五家七宗」是指哪幾家？

自神會以後，以慧能為代表的禪宗南宗，成為大家所公認的禪宗正統。慧能門下弟子甚多，後來有些弟子自立門派，並隨著禪宗的發展，逐步演化為「五家七宗」。

慧能門下，最初大體可分荷澤神會，南嶽懷讓，青原行思三大系統。其中神會一系，有弟子法如（七二三～八一一年）、無名（七二二～七九三年）等人，稱為荷澤宗。中唐以後華嚴宗的宗密曾一度闡揚這一系佛學思想，荷澤宗曾經盛極一時，但不久即衰亡。慧能門下，真正在後世得到發展的是南嶽、青原這二系，所謂「五家七宗」，也都是由這兩系繁衍出來的。

南嶽一系自懷讓傳出。由南嶽懷讓（六七七～七四四年）傳弟子馬祖道一（七○九～七八八年），馬祖道一傳百丈懷海（七二○～八一四年）。百丈懷海門下又分出兩支，一為溈山靈佑（七七一～八五三年）及仰山慧寂（八○七～八八三年）形成的溈仰宗；另一支為再傳弟子臨濟義玄（？～八六七年）創立的臨濟宗。在宋代，臨濟宗又分出黃龍和楊岐兩派。

青原一系由青原行思傳出。行思（？～七四○年）弟子有石頭希遷（七○○～七九○年）。然後經過幾傳，分成雲門、曹洞、法眼三宗。雲門宗由雲門文偃（八八五～九五八年）所創。曹洞宗由洞山良价（八○七～八六九年）和曹山本寂（八四○～九○一年）形成，法眼宗以清涼文益（八八五～九五八年）為代表。

這樣，由慧能為代表的禪宗南宗，到了唐末五代之際，就形成了溈仰、臨濟、雲門、曹洞、法眼五家，加上宋代臨濟宗下分出的黃龍、楊岐兩派，合稱為「五家七宗」。

◀ 高峰原妙禪師像，高峰原妙禪師是元代禪宗的領袖。

▶ 陝西大同雲岡石窟菩薩石刻。

明代的「四大高僧」是哪四位？

　　中國佛教史上歷代高僧輩出，每個朝代都有對當時以及後世具有深遠影響的僧人出現，這些僧人的活動推動了中國佛教的發展。明代曾先後出現四個著名的僧人，他們被稱為「明代四大家」，這四大家是指蓮池袾宏、紫柏真可、憨山德清、蕅益智旭四人，他們是明代最為著名的僧人。

　　這「四大高僧」主要活動於明神宗萬曆年間，由於他們的活動，使明末瀕臨衰亡的佛教又出現了一些振興的跡象。

　　袾宏（一五三五～一六一五年），明末僧人，字佛慧，號蓮池。俗姓沈，浙江杭州人。三十二歲出家，於杭州昭慶寺受具足戒。出家後他四處遊方，參學

訪道。他曾在浙江五雲山結庵而居，題名「雲棲」。他住持雲棲寺四十餘年，同門因尊稱他為「雲棲大師」，他的著作集也稱為《雲棲法匯》。他的佛學思想是以淨土信仰為主，兼重禪、教。他主張佛教各宗並進，以戒為基礎，最後歸結為淨土。清代守一著《宗教律諸祖演派》，將他排為華嚴圭峰下第二十二世；但袾宏提倡淨土最力，因此門人尊他為淨土宗第八祖。袾宏在當時名聲極大，名公巨卿，朝廷權貴傾心與他結交的極多，以至有人把他比作「法門周孔」。

　　真可（一五四三～一六〇三年）字達觀，號紫柏，江蘇吳江人。一七歲出家於蘇州虎丘雲巖寺，二十歲受具足戒後，廣泛研習各種經教。真可的佛學思想調合各宗，融合儒佛。他自己沒有專一的師承，而且也沒有擔任過任何寺院的住持，沒有舉行過講經說法，他與明末另一高僧德清關係甚好，曾與德清共議續修明代傳燈錄，又一起籌劃建房山雲居寺靜琬塔院。後因政事牽連下獄，最後病死於獄中。著作有《紫柏尊者全集》三十卷和《紫柏尊者別集》四卷，附錄一卷，收錄了他所寫的經釋、序跋、書信等。

德清（一五四六～一六二三年）字澄印，別號憨山，俗姓蔡，安徽全椒人。德清二十歲時出家於南京報恩寺。隆慶五年（一五七一年），到北方遊學，先至北京，繼往遊五台山。萬曆十四年，明神宗印刷《大藏經》十五部，分送全國名山，皇太后特送一部與其居住的東海牢山，因無處安置，又施財修寺，稱海印寺。萬曆二十三年（一五九五年），明神宗因不滿太后為佛事耗費巨資，藉故將德清逮捕下獄，充軍廣東。此後一直活動於廣東、江浙一帶，最後死於廣東曹溪南華寺。曹溪原是中國禪宗祖庭，久已荒廢，德清在此經營多年而恢復舊觀，因此被後人奉為曹溪中興祖師。在佛學上德清主張禪淨雙修，調合佛教各宗各派，融合儒釋道三教。

智旭（一五九九～一六五五年）字藕益，俗姓鐘，江蘇吳縣木瀆人。二十四歲出家，從德清的弟子雪嶺剃度。出家後他專心研究佛理，對禪、淨、天台、法相各宗義理均有涉獵。三十三歲起，他歷遊江、浙、閩、皖諸省，不斷從事閱藏、講述和著作。智旭於清順治十二年（一六五五年）去世。他依據天台思想解釋淨土教義，所著《淨土十要》、《佛陀要解》等，都為後來淨土宗人所崇奉。智旭生平的著述，經過其弟子的編撰，分

為「宗論」和「釋論」兩類。「宗論」即《靈峰宗論》，共十卷；「釋論」則包括了智旭所著的各種釋經論和宗經論，以及其他著述共六十餘種，一百六十四卷。

◀ 北京香界寺山門殿哼哈二將之一。
▲ 北京香界寺山門殿哼哈二將之二。

金陵刻經處創立於何時，由誰創立？

　　位於南京延齡巷的「金陵刻經處」，是中國近代佛教史上專門從事佛教經典刻印、編校和流通的一個機構。創辦於一八六六年，最初設在南京北極閣，後搬至延齡巷現在的地方。

　　創立金陵刻經處的是清末著名佛教居士楊文會先生。楊文會（一八三七～一九一一年）字仁山，安徽石埭人。博學多才，自幼學過儒家黃老之書，還曾涉獵音韻、歷數、天文、地理等各種學科。一八六四年，他因病在家，接觸了一些有關佛教的書籍，特別是對《大乘起信論》更是反覆誦讀，於是對研究佛經產生興趣。他認為當時印刷佛經的經版大部分都毀壞了，這對佛教的發展和佛學研究是一個損失，因此要想弘揚佛學，必須先恢復刻經事業，以利於佛教經典的

流傳。一八六六年，便與同道多人發起募集資金，創立金陵刻經處，開始從事佛經刻印、流通的事業。

　　從一八七八到一八八六年，楊文會先後兩次出使英法等國，在倫敦結識了日本留學僧、著名的佛教學者南條文雄。後來得到南條的幫助，在日本陸續搜集到許多中國久已失傳的佛教經典，以及中國古代高僧的一些佛學著作，他把這些經典著作加以整理，由金陵刻經處擇要刻印，使亡佚多年的隋唐時期的珍貴著作又能重新流傳於世。一八九七

年，楊文會將南京自己的住宅用以收藏經版和流通佛經。後來，又將這些房屋捐給刻經處，作為刻經處的永久產業，這就是延齡巷金陵刻經處的現址。

楊文會在創立刻經處的初期，曾立下「三不刻」的原則，即疑偽的經不刻；內容淺俗的不刻；涉及占卜乩壇的不刻。可見他對於刻經事業是很認真嚴謹的。

一九一一年，楊文會去世，刻經處由其弟子歐陽竟無等人負責，二十世紀五〇年代，上海佛教界一些著名人士曾出面組織「金陵刻經處護持委員會」，逐步恢復刻經事務。一九五七年開始，金陵刻經處直屬中國佛教協會，其規模進一步擴大。十年動亂結束以後，金陵刻經處又開始了佛經刻印業務。

金陵刻經處在中國近代佛教發展史上有著重要地位，對中國佛教的發展產生了很大的推動作用。它搜集刻印了許多自唐末五代以來久已散失的中國佛教各種重要典籍，使人們透過這些經典更好地理解了當時佛教的發展情況。它組織刻印了一大批佛典，促進了它們的流通，同時也促進了佛學研究的發展。由於楊文會對刻經事業認真嚴謹，所以金陵刻經處所刻的佛經校勘精審，印刷華美，具有

一定的學術價值。另外，金陵刻經處除了刻印佛經外，還開展佛經的講習和研究工作，為近代中國佛教的發展培養了一批佛學人才。楊文會曾於一九〇七年在刻經處設「祇洹精舍」，一九一四年歐陽竟無又在刻經處成立研究部，近代中國許多在佛學上有一定造詣的學者、居士，都曾在這裡進行過學習研究。

◀ 武漢歸元寺藏經閣。
▼ 山西大同華嚴寺藏經櫃。

支那內學院在中國近代佛教史上起了什麼作用？

談到中國近代佛教，必然要說到「支那內學院」。支那內學院在中國近代佛教復興活動中，有很大的作用。所謂「內學」，即指佛學，這是相對於佛教以外的各種「外學」而言。「支那」，是古代印度對中國的稱呼。因此，支那內學院就是「中國佛學院」的意思。

支那內學院是中國較早的一個佛教教學和研究機構，創辦人為中國近代著名的佛教學者歐陽竟無居士。歐陽竟無（一八七一～一九四三年）名漸，江西宜黃人，是楊文會的得力助手。一九一一年楊文會去世後，他繼承楊的遺志，主持金陵刻經處的工作，從事佛經刻印和傳播事業。

為了進一步研究和發揚佛學，培養佛學人才，他與當時一些著名學者如章太炎、梁啟超等人，於一九二二年在南京正式建立支那內學院，主要從事佛學的研究、教學以及佛典的編校印刷等工作。一些著名的佛教學者如王恩洋、湯用彤、呂澂等都在支那內學院擔任授課教師。

抗戰期間，內學院內遷至四川江津。一九四三年，歐陽竟無病逝，由呂澂繼任院長。呂澂是歐陽竟無的學生和助手，多年主持內學院的教務工作，對內學院的發展有很大貢獻。一九五二年，內學院停辦，所有經版移交金陵刻經處。

▼ 一九一五年三月，歐陽竟無居士（後排中）與南京金陵刻經處成員合影。

太虛是怎樣一個人？

太虛（一八九○～一九四七年）是中國近代佛教史上一個著名的僧人，他以教理、教制、教產「三大革命」的口號而名動一時，成為近代佛教界革新運動的代表人物。

太虛對中國近代佛教的發展有著重大的影響。曾創辦武昌佛學院，漢藏教理院等佛學院，培養僧才。在他的弟子中，後來有許多都成了海內外著名的僧人。他曾到處從事講經活動，並寫了一系列論文闡述他的佛學思想。關於法相唯識學的觀點，因與當時著名的佛學家歐陽竟無不同，產生了爭論，引起了當時佛學界的注意。並創辦了著名的佛學雜誌《海潮音》，促進了當時佛教研究的開展。

太虛是浙江崇德（今浙江桐鄉）人。俗姓呂，本名淦森，出家後法名唯心，別號悲華。十六歲時出家，同年，依寧波天童寺寄禪和尚受具足戒。曾在南京金陵刻經處從楊文會學習佛學。一九一一年，他應友人邀約，在廣州傳教，曾經擔任白雲山雙溪寺住持。

辛亥革命後，佛教界人士紛紛組織團體，提出主張，要求佛教適應新的時代。在這股浪潮中，太虛認為當時中國佛教教規鬆弛，僧徒無知，寺廟財產為少數人所佔有等種種狀況不適應二十世紀的中國社會環境，於一九一三年舉行的寄禪和尚逝世追悼會上，提出要革新教理、教制、教產的所謂佛教「三大革命」，希望透過這些措施，去更新僧侶，重募寺產，重新解釋教義，以促進佛教的復興。

同年，擔任剛成立的中華佛教總會會刊《佛教月報》的總編輯。在此期間，

發表了《宇宙真理》、《致私篇》等一些文章，宣傳「佛教復興運動」。一九二二年，他在武昌創辦佛學院，一九二七年又在廈門任南普陀住持和閩南佛學院院長。一九三一年在重慶北碚縉雲寺創辦「漢藏教理院」。太虛辦這些佛教學院，旨在培養新的僧才。一九四七年，太虛病逝於上海玉佛禪寺。他的弟子將其著述和演講等編成《太虛大師全集》流傳於世。

▲ 江蘇鎮江金山寺古塔。金山寺是中國佛教禪宗四大名寺之一，建於東晉年間，距今已有一千六百多年歷史。

近代佛教史上有哪些著名僧人？

　　近代，佛教界出現了一些著名的僧人，他們大多致力於各種類型的佛教文化事業。由於他們的多方活動，使日漸沉寂的中國佛教界出現了一些生機，推動了近代中國佛教的發展。在這些佛教僧人中，比較著名的有敬安、諦閒、月霞、宗仰、弘一、印光、虛雲、圓瑛，以及太虛等人。

　　這些僧人在佛學思想方面大多主張兼修，最多是偏重於某一經論的講習。他們致力從事各種佛教文化事業，如創辦刻經處、刊刻、編印和流通佛教經典；建立佛學院，努力培養新一代佛教僧人；發行各種佛學刊物，宣傳佛教教義思想；舉行各種講經法會，以通俗的語言講經說法；成立一些佛教慈善機構，極力普及和擴大佛教在民眾中的影響。

　　釋敬安（一八五一～一九一二年）字寄禪，俗姓黃，湖南湘潭人。曾在寧波阿育王寺燃左手的兩個手指供佛，因而自號為「八指頭陀」。一九○二年任寧波天童寺住持。一九一二年，江浙各地名山大寺的代表聚集上海留雲寺，商議召開中華佛教總會成立大會，寄禪被推為會長。次年，因各地士紳同寺廟僧侶之間為寺產問題發生了糾紛，他應眾人請求，與各地僧界代表入京請願，不久即卒於法源寺。敬安生平頗有詩名，並以詩結交海內名流，被稱為「詩僧」，有《八指頭陀詩文集》行世。

　　釋諦閒（一八五八～一九三三年），俗姓朱，名古虛，號卓之，天台宗僧人。曾在浙江、上海、南京、北京、哈爾濱等地講經傳法，先後主持過南京僧師範學堂和寧波觀宗學社。諦閒一生專研天台教義，曾被授記為天台教觀第四

十三世傳人，因此成了近代中國佛教天台宗的代表人物。他寫了很多闡述天台宗思想教義的著作，其中《教觀綱宗講義》、《圓覺經講義》等在佛教界有一定的影響。他的著述由門人輯為《諦閒大師全集》。

　　釋月霞（一八五七～一九一七年），名顯珠，俗姓胡，湖北黃岡人。他主持過南京僧師範學堂，又曾在上海哈同花園創辦華嚴大學，宣揚華嚴宗義。一九一七年月霞在常熟興福寺創辦法界學苑，但不久即逝於杭州玉泉寺。月霞與諦閒是清末民初最早倡辦僧教育的兩個法師。近代佛教史上一些名僧如太虛、仁山、常惺、持松等都曾從他們學習。

　　宗仰（一八六五～一九二一年）法名印楞，俗姓黃，江蘇常熟人。曾研習英、日、梵等文字，精於詩、書、畫、金石等。清光緒二十七年（一九○一年），他於上海與章太炎、蔡元培、鄒容等組織中華教育會，並任會長。一九○八年回國，創辦上海愛國女校。一九○九年，應哈同夫人羅迦陵之請在愛儷園講經，並主持《頻伽精舍大藏經》的編印工作。

　　弘一大師（一八八○～一九四二年）俗姓李，號叔同，法名演音。弘一是著名的藝術家。他對近代中國音樂、美術、戲劇的發展都有傑出貢獻。一九一

八年，李叔同在杭州虎跑出家，專研南山律學，創設「南山佛學院」。所著《四分律比丘戒相表記》、《四分律含注戒本講義》以及《南山道祖略譜》、《在家律要》等著作，專門弘揚和解釋南山律宗要義，出家後持律謹嚴，生活儉樸刻苦，為世稱道。一九四二年卒於福建泉州。

印光（一八六一～一九四一年），法名聖量，別號常慚愧僧，俗姓趙，陝西郃陽（今合陽）人。印光一生宣揚淨土信仰，曾在蘇州靈巖建立淨土道場，並在上海創辦弘化社，寫了許多文章宣揚淨土，這些文章後來被編為《印光法師文鈔》、《嘉言錄》等。由於他大力宣揚淨土，後來被推為中國佛教淨土宗的第十四代祖師。

虛雲（？～一九五九年）近代禪宗名僧。俗姓蕭，字德清，號幻游。清末，虛雲曾在雲南一帶活動，曾將雲南雞足山鉢盂庵改建為護國祝聖禪寺，使雞足山發展成為著名的佛教道場。一九四九年後，曾被推為中國佛教協會的名譽會長。虛雲一生說法度生，修葺大小梵剎數十所，成為近代中國佛教禪宗代表人物之一。

圓瑛（一八七八～一九五三年），法名宏悟，號韜光，俗姓吳，福建古田人。一九〇九年於寧波接待寺創辦佛教講習所，一九一四年任中華佛教總會參議長。一九二九年圓瑛與太虛共同發起成立中國佛教會，被推為會長。一九五三年中國佛教協會成立，被推選為第一任會長。著有《楞嚴經講義》、《大乘起信論講義》、《一吼堂詩集》、《一吼堂文集》等近二十種，後合編為《圓瑛法匯》。

▼ 福建福州鼓山湧泉寺山門。

為什麼有人說近代佛教是「居士佛教」？

在中國佛教史上，為佛教發展作出貢獻的主要是出家的僧侶。但明清以降，佛教日趨普及，在家居士中研習佛教的人漸漸增多，佛學發展的主流，慢慢由出家的僧侶轉向在家的居士。有人稱這種現象為「居士佛教」。

佛教信徒，可以分為出家和在家兩大類。出家的男女佛教徒即「比丘」和「比丘尼」，一般稱為「僧人」或「僧侶」。在家的男女信徒稱為「優婆塞」和「優婆夷」，在中國，一般稱之為「居士」。佛教要求出家的僧徒在日常生活和宗教活動中遵守佛教戒律，為在家居士作出表率。在家居士則有義務供養出家僧眾，維護佛法的流傳。因此，出家者是住持佛法，在家者則是護持佛法。

清代以後，一些在家居士在佛學研究方面取得了一定成績，並漸漸取得了主導地位。清代以後「居士佛教」逐漸抬頭，清末居士中最著名的有彭紹升和楊文會等人。

彭紹升（一七四○～一七九六年），法名際清，字允初，號尺木居士，又號二林居士。江蘇長洲（吳縣）人，出身於一個士族家庭。學識淵博，通宋、明理學，精通陸、王之學，對佛學也很有研究，所以他能融會儒佛思想，發揮佛教各宗教義。主張佛、儒一致，禪、淨融

合，發揮淨土教義，致力於淨土之弘傳。曾搜集歷代居士奉佛之事，作《居士傳》五十六卷。還著有《居士傳》、《善女人傳》、《淨土聖賢錄》等宣揚淨土信仰的著作，清以後淨土宗的盛行，與彭紹升的大力弘揚有很大關係。

　　楊文會對近代佛教發展貢獻則更大。他的思想影響了一大批人。近代史上一些著名的思想家如譚嗣同、章太炎等，以及近代在佛學研究方面有一定成就的學者和居士如桂柏年、謝無量、李證剛、梅光羲、歐陽竟無等，大多都受過他的影響。

　　民國以來，居士研究佛教的風氣更為熾烈，北方有專門研究法相唯識學的「三時學會」，以韓清淨為主。南方則以歐陽竟無及其弟子呂澂主持的支那內學院為主，周圍聚集了一大批學有成就的學者居士。

◀ 河北承德普寧寺做法事的居士。普寧寺位於承德避暑山莊之北，因寺內有巨大木雕佛像，又稱大佛寺。建於清乾隆二十年（一七五五年），是清帝聽經和休憩的場所。

▶ 高僧乞米圖，圖繪一赤腳高僧雙手捧缽作乞討狀，表現出高僧坦蕩遊江湖的風韻。

什麼叫「大藏經」?

所謂「大藏經」,是指佛教典籍的總匯,或者說,是整個佛經的統稱。佛教典籍主要包括經、律、論三大部分,稱為「三藏」。南北朝時曾把佛經統稱為「一切經」,如南朝陳文帝曾下令寫「一切經」十二藏等。隋代以後,逐漸出現「大藏經」這一名稱。後來,慢慢成為所有佛典叢書的總稱。

漢文佛教《大藏經》直接來源於梵文藏經,梵文原本佛經現在大部分已經不存,而漢文《大藏經》則幾乎保存了梵文佛教經典的所有內容,可以說是目前世界上保存下來的內容最豐富的佛教大叢書之一。

漢文佛教經典的翻譯,自漢代已經開始,經過魏晉南北朝和隋唐時代的發展,一直到宋代,前後長達一千多年。隋唐時代,佛教大小乘各派的經典基本上都已經被翻譯介紹過來。據唐代智昇作的《開元釋教錄》中記載,當時編入佛教藏經的佛典總數已經達到一千多部,五千多卷。

唐代以前的佛經,主要依靠抄寫。

到了晚唐,才出現刊刻印刷的佛經,目前世界上現存最早雕版印刷的佛教經典是唐咸通九年(八六八年)王玠為其雙親敬造普施的《金剛經》,此經於清光緒年間在敦煌被發現,後被英人掠去,現存英國倫敦博物院,這也是中國現存最早的印刷品之一。但當時還只是單部刊刻印刷的佛教經典,大部的佛教大叢書《大藏經》的刊刻和印刷,則要到西元十世紀才開始出現。

宋開寶四年(九七一年),太祖內官張從信往益州雕刻大藏經版。這次刻經,前後費時十二年,最初刻佛經五千多卷,後來又增刻一千多卷,合六百五十多帙。因刻於宋開寶年間,所以這部藏經被稱為「開寶藏」,又因刻於四川,故又稱「蜀版大藏」。這是中國歷史上第一次刊刻大藏經。《開寶藏》經版刻成後被運至開封,保存在太平興國寺西的印經院,後又移至顯聖寺聖壽禪院。由於《開寶藏》是官刻本,所以刻工和印刷品質都較高,書法端麗嚴謹,雕刻精良。經本印成後,

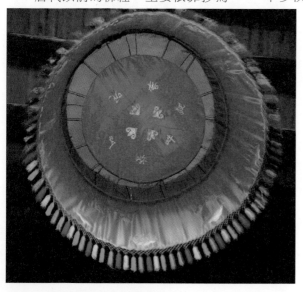

◀ 藏傳佛教可轉動的經幡。
▶ 北京市房山區石經山藏經洞,位於雲居寺東二千五百公尺,海拔五百公尺,石經藏在九個藏經洞(其中一個開啟)內,共有石經板四千一百九十六塊。

曾頒送各寺院，並曾賜日本、高麗等國，對後世有很大影響。

自此以後，宋元明清，歷代官私刊刻大藏陸續不絕。據文獻記載，共刻有二十餘次，主要的有：

《東禪寺藏》，是中國第一部民間刊刻的佛教大藏經，由福州東禪寺住持沖真發起刊刻，因此稱為《東禪寺藏》。此藏始刻於北宋神宗元豐三年（一○八○年），至宋徽宗崇寧三年（一一○四年）始成，故有時又稱為《崇寧藏》。又因為這部大藏的刊刻，是為慶祝「聖壽」而發起勸募，因此又稱《崇寧萬壽藏》或《萬壽藏》。全藏有五百八十函，一千一百四十部，六千一百零八卷。依千字文編號，由「天」字起至「號」字止。與《開寶藏》一樣，《東禪寺藏》現在已無全部，只有幾卷保存下來。

《思溪圓覺藏》，簡稱《思溪藏》，浙江湖州思溪圓覺禪院開雕。此藏開雕約在北宋末年，至南宋紹興二年（一一三二年）基本刻完。全藏五百四十八函，一千四百三十五部，五千四百八十卷。千字文編號由「天」字至「合」字。此藏的經版後於南宋淳祐年間（一二四一～一二五二年）移藏於安吉州資福禪寺。

《思溪資福藏》由浙江安吉州思溪法寶資福禪寺刊刻，簡稱《資福藏》。此藏開雕年月不詳，約完成於南宋淳熙二年（一一七五年）。全藏五百九十九函，一千四百五十九部，五千九百四十卷，千字文編號從「天」字至「最」字。此藏版式與《圓覺藏》相同，但較《圓覺藏》多五十一函。有人認為《資福藏》和《圓覺藏》實際上應該是一個版本，《資福藏》只是在《圓覺藏》的基礎上增補而成，故《資福藏》實為《圓覺藏》的增刻本。但也有人主張這兩部藏經是不同的刻本。資福寺後於南宋末年毀於兵火，經板全部被毀。《圓覺藏》和《資福藏》雖是民間私刻本，但它們在佛教史上的影響也很大。

《磧砂藏》，全稱《平江府磧砂延聖院大藏經》。延聖院在今江蘇吳縣，後改名磧砂禪寺。此藏由延聖院比丘尼弘道、法尼二人發願，僧人法忠、清圭等人先後主持。《磧砂藏》刊刻延續的時間很長，其開雕時間大約在南宋寶慶（一二二五～一二二七年）至紹定（一二二八～一

二三三年)年間，後因延聖院火災和南宋垂亡，刻經之事曾中斷了近三十年。入元後，元大德元年（一二九七年），由松江府僧錄管主八主持，又繼續雕刻，到至治二年（一三二二年）始竣工，前後斷斷續續共費時九十多年。全藏千字文編號從「天」字至「煩」字，共五百九十一函，一千五百三十二部，六千三百六十二卷。一九三一年在陝西開元和臥龍兩寺發現此藏，上海佛教界發起影印宋版《磧砂藏》的倡議，並為此成立了「影印宋版藏經會」。一九三五年，上海「影印宋版藏經會」曾用這部藏經以方冊影印五百部發行。

《契丹藏》又名《遼藏》，遼代刊刻。全部共五百七十九帙，千字文編號從「天」字到「滅」字。此藏是在《開寶藏》基礎上增加了當時流傳於北方的一些經論譯本而刻成，因此當屬《開寶藏》系統。

此藏以前並未發現有流傳的印本，一九七四年時曾在山西應縣木塔遼代塑像裡發現遼《契丹藏》的零卷，一九七八年應縣木塔修理時，又在塔中發現五十軸殘卷，從這些殘卷中可以知道此藏的版式為卷軸本，卷前有說法圖扉頁，這是歷代大藏中最早有扉頁的。此外，房山石經中保存的遼代刻大量經碑，據研究也是根據《契丹藏》翻刻的。

《趙城金藏》，一九三四年發現於山西省趙城廣勝寺，是金代民間募刻的藏經。《趙城藏》刻成後，受到金世宗的重視。大定二十一年（一一八一年），《趙城藏》經版運送到燕京，藏於弘法寺。

《趙城藏》是依據《開寶藏》刻的，基本上可看做《開寶藏》的復刻本。它還保留著《開寶藏》的許多特點，我們可以透過《趙城藏》來瞭解《開寶藏》蜀本原貌的情況，具有很高的學術價值。現存的《趙

城藏》系元中統二年（一二六一年）的印本，共五千餘卷。由於年久散失缺損，明清兩代曾進行過抄補。二十世紀八〇年代的《中華大藏經》，就是以《趙城藏》為底本整理。

二十世紀三〇年代上海「影印宋版藏經會」葉恭綽等人會同北京三時學會，在《趙城藏》中選出此藏特有而其他藏經中沒有的孤本四十六種二百四十九卷，編為三集，以《宋藏遺珍》為題發行流通。

《嘉興藏》又名《徑山藏》，是明末清初的私刻本。始刻於明萬歷十七年（一五八九年），開始開雕在山西五台山，萬歷二十年（一五九二年）遷到浙江餘杭縣的徑山繼續刊刻。後又分散在嘉興、吳江、金壇等地募刻，到清康熙十五年（一六七六年）完工。此藏經版刻後即收藏於嘉興楞嚴寺，由楞嚴寺集中刷印流通。《嘉興藏》是會合南北藏本而以北本為主，分「正藏」、「續藏」和「又續藏」三個部分。《嘉興藏》除了改變歷來佛經沿用的摺裝式裝幀為輕便的線裝書冊式外，主要是在「續藏」和「又續藏」中收集了大量的藏外著述，內容包括疏釋、懺儀、語錄等。由於是民間私刻，且刻版地點分散，所以此藏的刻印本品質受到影響。但此藏所內容廣博，特別是續藏中收集了大量藏外著述，所以清代學者應用此藏資料較多。

《龍藏》，又名《清藏》，全稱《乾隆版大藏經》，是清代官刻版藏經。此藏於清世宗雍正（一七二三～一七三五年）時勅修，雍正十一年（一七三三年），於北京賢良寺設立藏經館。開雕於雍正十三年（一七三五年），乾隆三年（一七三八年）竣工，共雕成經版七萬九千多塊。全藏分正、續兩部分，千字文編號自「天」字至「機」字，收佛經一千六百六十九部，七千一百六十八卷。經版原存故宮內武英殿，後移藏於柏林寺，是目前為止惟一經版保存完整的佛教《大藏經》。二十世紀九〇年代，曾利用保存的經版再次刷印《龍藏》五十部。

清末民初，上海曾經有過一次私版鉛印本的佛教藏經，即《頻伽藏》的印刷出版。一九〇九年，上海居士羅伽陵發願刊印佛教《大藏經》，請鎮江金山寺僧人宗仰主持其事。《頻伽藏》以日本弘教書院刊印的《縮刷藏》為底本，內容略有變動，以四號活字排印，於一九一三年出版。因由「頻伽精舍」發起印刷，所以此藏全稱《頻伽精舍校刊大藏經》，簡稱《頻伽藏》、《頻伽精舍大藏經》。全部入藏佛經一千九百多部，八千四百多卷，分訂為四百一十四冊（包括目錄一冊），合四十函，千字文編號自「天」字至「霜」字。分類方法依《閱藏知津》編排，分大小乘經、律、論；大乘經又依次分華嚴、方等、般若、法華、涅槃五部。此藏是中國第一部以活字排印的大藏經，印數較多，是近代學者常用的佛教藏經。近代南京金陵刻經處校刊印刷的許多佛經都是用的《頻伽藏》本子。

除了上述各種版本的佛教《大藏經》之外，宋代還有《毗盧藏》，元代有《普寧藏》、《弘法藏》，明代有《洪武南藏》、永樂《南藏》、《北藏》等等。

◀ 西藏扎什倫布寺的經堂。扎什倫布寺是日喀則的地標，這個宮殿如城的寺廟，是班禪的駐錫之地，也是西藏格魯派四大寺之一。

「度牒」制度什麼時候產生的？

所謂「度牒」，是指由官府發給的、證明僧人合法身分的文件，也可以說是允許僧人出家的許可證。「度牒」制度，一般認為始於唐代。當時度牒由尚書省的祠部發出，所以又稱之「祠部牒」。據《佛祖歷代通載》記，唐玄宗天寶五年（七四六年），制天下度僧尼，令祠部給牒。

度牒的作用，原是證明僧人的合法身分，但度牒制度產生不久，其作用就有了變化。僧人要取得度牒，除了經過一些手續之外，還要繳納一定的「香火錢」。於是，朝廷和一些權宦、官吏，把出賣度牒作為積聚財富、搜刮錢財的手段。如唐玄宗時發生安史之亂，權臣楊國忠就乘機聚斂，派御史崔眾在太原納錢度僧尼道士，旬日之間，得錢百萬。肅宗時，朝廷為籌措軍費，又採用丞相右僕射裴冕之策，下令賣官鬻爵，在各大府置戒壇度僧尼，用出賣度牒收入以充軍餉。這被認為是鬻牒之始。

宋代以後，鬻牒之事越來越普遍，甚至作為朝廷的一項常年財政收入了。例如宋神宗元豐元年（一〇七八年），朝廷賜河北東路轉運司度牒百道，用以購買材木，以作大名府澶州修倉之用。在宋代史料中，這種用度牒作為財政收支的記載有許多處本來作為證明僧尼身分的官方文件，在宋代常常直接被充作貨幣使用。

僧尼領取度牒以後，有了正式的出家資格，可以免除丁錢、徭役，或享受其他一些權利。因此，豪強權貴往往公然買賣度牒從中漁利，進而出現許多弊病。因而後來有些朝代採取一定措施對度牒的頒發加以限制。如在度僧時，對其學識加以考核，或經常對所度的僧尼加以整理、檢校，發現有作弊的現象，即加以剔除等等。但這些措施實際上並沒有解決多大的問題，度牒制度的流弊還是存在。這一制度歷代沿用，直到清代乾嘉年間以後才廢止。

◀ 北京戒台寺戒壇殿。北京西山深處的戒台寺以全國最大的戒壇而聞名，是一處古老的佛教寺廟，始建於唐高祖武德五年（六二二年），現存建築多為明清時期的遺存。

什麼叫「清規戒律」？

「清規戒律」是佛教的「清規」和「戒律」的合稱，它們是佛教僧人必須遵守的規範。清規最早由禪宗寺院制定，用以指導寺院僧眾日常行事。戒律原由佛教創始人釋迦牟尼為其弟子制訂，是僧眾日常生活和修行實踐中的道德規範和行為規則。隨著時代的發展，佛教的清規戒律也產生了一定的變化。

佛經可分為經、律、論三大部分，其中律部就是有關佛教戒律的經典。寺院僧眾日常遵行的規制，就是依據這些律典，再結合當時當地的實際情況而制定的。戒律傳入中國很早。三國時有一個叫曇柯迦羅的僧人來華，譯出《僧祇戒心》，相傳這是戒律傳入中國之始。唐代，有關戒律的研究進一步發展，形成了中國佛教的律宗。

清規則始創於西元四世紀。東晉時，釋道安曾為其僧團制定「僧尼規範」三則，後來道安的弟子慧遠在廬山又創「法社節度」，這些都是中國佛教早期的規制。唐代以後中國佛教禪宗盛行，當時百丈懷海禪師為禪宗僧人別立規制，成為有別於傳統佛教律儀的叢林新例，稱《禪門規式》。因禪院僧眾又稱為「清眾」，所以這些規式也被稱為「清規」。由於這些清規是由百丈懷海禪師所創，故稱《百丈清規》。

一般的佛教徒，在家居士所守之戒為五戒和八戒。五戒即不殺生、不偷盜、不淫、不妄語、不飲酒。八戒亦稱八關齋戒，即前五戒加上不眠坐高廣大床，不塗飾打扮，不視聽歌舞，不非時食。此中前八為戒，後一為齋，合稱八關齋戒。出家信徒則有十戒，具足戒。

十戒是初入佛門的沙彌所奉行之戒，即上述八齋戒合為九條，再加不蓄金銀財物，稱為十戒。具足戒即比丘戒，中國佛教按《四分律》授戒，僧眾有二百五十條，尼眾有三百四十八條。佛教信徒受戒要經過一定的傳戒儀式，受過戒的信徒才算是真正的佛教徒。

至於清規，現在一般寺院都按照各地的實際情況，訂有《共住規約》和其他一些章程，明確規定寺院僧眾的辦事細則。

▶ 北京戒台寺戒壇下的禁令碑。

《法華經》是怎樣一部佛經？

《法華經》全稱《妙法蓮華經》，是大乘佛教的一部重要經典，它廣泛流傳於中國、朝鮮、日本以及東南亞一些大乘佛教流行的國家和地區，對這些地方的佛教發展產生過重大影響。

學術界一般認為，《法華經》形成於西元一世紀左右，即大乘佛教產生的初期。此經的主要思想之一就是「歎小褒大」、「會三歸一」，經中許多地方都明確指出小乘說教是「方便善權」，非究竟說，因此佛陀告誡弟子們不能滿足於取得的小乘之果，並用了許多比喻來引導弟子進入大乘修行之路。由此可以推想，《法華經》產生之時，正是佛教從小乘向大乘發展的過渡時期。

《法華經》的漢譯，據史料記載，先後共有六次，其中三國時吳支疆梁接所譯的《法華三昧經》、西晉時竺法護的《薩芸芬陀利經》、東晉支道根《方等法華經》等三譯現已亡佚，現存的三種譯本是：一是西晉竺法護所譯的《正法華經》，二是後秦鳩摩羅什所譯的《妙法蓮華經》，還有一種是隋代闍那崛多譯的《添品妙法蓮華經》。這三種譯本中，以鳩摩羅什所譯的《妙法蓮華經》流行最廣，影響也最大。

近代以來在中亞、新疆一帶，又發現了許多古代的佛經抄本，其中最多的就《法華經》。據研究，這些數量眾多的

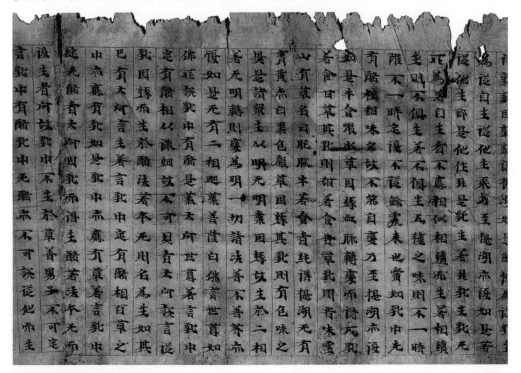

《法華經》有一部分是由英國駐尼泊爾公使霍格森搜集。霍格森於一八三三年開始任尼泊爾公使,在尼泊爾二十多年中,搜集了大量梵文貝葉經,其中有《般若經》、《普曜經》、《金光明經》等多部,而最多的還是《法華經》。霍格森曾將一部分貝葉經送給法國的東方語學者布魯諾夫,布魯諾夫曾將其中的《法華經》譯為法文於一八五二年出版,首次向西方介紹了這部大乘佛教經典。後來荷蘭學者柯恩將其譯為英文,收於馬克斯·繆勒主編的《東方聖典》中。

現代通行的《妙法蓮華經》,多為鳩摩羅什譯的七卷二十八品。前面有唐代終南山道宣律師所作的「弘傳序」。序中主要介紹了此經的幾種譯本以及經的內容概括。本經的名稱,以「妙法」比喻佛法的微妙無窮,以「蓮花」比喻佛教經典

的潔白高雅。蓮花是古代印度人民所喜愛的一種花,佛教常常用以作為裝飾和象徵。《妙法蓮華經》主要運用了一些神話和譬喻故事來宣傳、解釋大乘佛教教義。

《妙法蓮華經》各品內容大致可分這麼幾個部分:第一「序品」是敘述本經之緣起。主要講佛陀在王舍城耆闍崛山為諸菩薩弟子說大乘無量義經,入無量義三昧,顯種種瑞相。然後彌勒和文殊問答,以引出《妙法蓮華經》。從第二「方便品」至第九「授學無學人記品」,主要說明佛陀以開、示、悟、入引導眾生入佛知見。用多種譬喻反覆論證,贊大歎小,

◀ 敦煌出土大般涅槃經經卷。
▲ 敦煌出土西夏文妙法蓮華經,該經是中國流通最廣的

使眾生以究竟諸法實相為大乘修行之最高目標，並為弟子授記以證實相法。從第十「法師品」至第二十二「囑累品」，基本上是讚頌《法華經》之殊勝，以及說明聽聞受持《法華經》之功德。最後從「藥王菩薩本事品」第二十三到「普賢菩薩勸發品」，主要是以諸菩薩事跡來勸發眾生對此經發起信心，進而誦讀受持此經。

經的主要內容是以大量譬喻和豐富的想像力來說明大乘佛教的殊勝，全經以「開、示、悟、入」四字為總綱，具體敘述三乘歸一乘的中心思想，反覆論證大乘佛教的真實性和合理性。經中一再說明佛法唯有一乘，只是為了引導眾生而說三乘，因此三乘說是為了適應眾生根性而作的「方便說」，而一乘法才是佛法真諦。此一乘法就是「諸法實相」，也就是真如、法性。要瞭解和掌握諸法實相，必須從性、相、體、力、因緣、果、報等十個方面入手，也就是經中所說的「十如是」。後來天台宗智者大師依據《法華經》關於諸法實相和十如是等教義加以發揮，形成天台宗「一心三觀」的止觀方法和「一念三千」的基本學說，成為天台宗教義的基礎。

《法華經》對中國佛教和中國文化的影響是多方面的。經本身雖沒有講述深奧的教義教理，但是以大量通俗易懂，且帶有一定文學色彩的比喻方法來說明大乘佛教諸法實相之理。因此本經在社會上流傳極廣。經中「常不輕菩薩品」中，蘊含了一切眾生都能成佛，都有佛性的思想，這一觀點對南北朝時期佛性論的發展有一定影響。當時南北朝時竺道生「孤明先發」，在大本《涅槃經》傳來之前大唱「一切眾生都有佛性」的思想，在一定程度上也是受了《法華經》的啟發。其次，《法華經》的流傳對隋唐之際三階教的發展和流傳也有一定影響，《法華經》中所描述的修行法華者在五濁惡世所受的種種辱罵和迫害的情況，與三階教所說末法時期情況極為相像，進而促進了三階教的發展。此外，《法華經》所說「會三歸一」的主張，對中國佛教教判的形成和發展也有一定啟示作用，而本經對中國文學、藝術及民眾信仰習俗的影響，特別是經中《觀世音菩薩普門品》在中國民間影響之深廣，更是不容忽視。

《法華經》把所有佛教學說分為「聲

聞」、「緣覺」、「菩薩」三乘，認為這是佛在說法時因時機和眾生根性的不同所採取的一種「方便」措施。三乘最後要歸於一佛乘，這一佛乘才是佛所說的真實的內容，這稱為「會三歸一」，「權實方便」之說。《法華經》認為眾生都有「佛性」，即「佛之知見」。佛說法的主要目的，就是引導眾生「開、示、悟、入」佛之知見。《法華經》思想既和《般若經》的「諸法性空」學說相通，其究盡諸法實相以及對佛的神通的宣揚，又與《涅槃經》所講的佛身「常往不滅」，變化無盡等相結合。此外，《法華經》中還宣揚了淨土信仰，因此整部《法華經》可以說是集大乘思想之大成。

由於《法華經》具有的這些特點，所以一經傳入，便受到中國佛教徒的注意。兩晉時代就出現了一些講習《法華經》的學者。後來研究者陸續不斷，隋代

形成的中國佛教天台宗也以此經為根本經典。經中有些篇章，在中國流傳極廣，特別是本經的「觀世音菩薩普門品」中，塑造了一位「大慈大悲，救苦救難」的觀世音菩薩，在中國民間影響深遠，甚至超過了釋迦牟尼本身。

◀ 敦煌出土大般涅槃經第六如來性品經卷。
▼ 敦煌壁畫妙法蓮華經藥草喻品經變。

什麼叫「淨土三經」？

　　所謂「淨土三經」，是指佛教淨土宗作為主要依據的三部經典的統稱。它們是《佛說無量壽經》、《佛說阿彌陀經》和《觀無量壽經》。這三部經主要是讚美阿彌陀佛的宏大誓願，描述西方極樂世界的莊嚴美麗以及往生西方淨土的修行方法。

　　《佛說無量壽經》二卷，曹魏嘉平四年（二五二年）由康僧鎧譯出，又稱《大無量壽經》。此經的內容，除了宣揚阿彌陀佛的功德，讚美極樂世界的美妙以外，主要敘述了阿彌陀佛成佛時所發的誓願。據說阿彌陀佛在過去世未成佛時，曾經是一國王，後來放棄王位，出家為僧，稱為「法藏比丘」。法藏比丘曾經發下四十八個大願。其中有一個是說，如果以後他修行成佛，十方眾生若想往生這一國土，只要真心信奉，並且念他的名號，就可以如願往生，等等。淨土宗的信仰基礎，就是建立在阿彌陀佛的這些「願力」的基礎上的。

　　《佛說阿彌陀經》一卷，後秦弘始四年（四〇二年）由鳩摩羅什譯出。《阿彌陀經》與《佛說無量壽經》內容基本相似，只是此經更為簡單易懂，修行的方法也更簡便易行，全經只有兩千多字，許多淨土教徒往往把它作為早晚課誦的經典之一，因此它在一般民眾中的影響更為深遠廣大。

　　《觀無量壽經》一卷，南朝宋元嘉年中（四二四～四四二年）由畺良耶舍譯出。《觀無量壽經》主要講古代印度有一個叫瓶沙王的國王，由於前世因果的報應，被他兒子阿闍世太子幽禁，最後被釘死在獄中。他的夫人韋提希亦同樣被

幽閉在獄中，此時，韋提希夫人因受種種刺激而生厭離之心，求告於佛，希望能解脫此生痛苦，往生佛國淨土。於是佛為她說往生西方極樂淨土的十六種觀法。如觀想太陽，觀想大地，觀想西方極樂淨土的種種美妙事物，觀想西方阿彌陀佛和菩薩的種種端莊妙相，等等。韋提希夫人依法修行，最後得見西方淨土及阿彌陀佛。

《觀無量壽經》中還講到，按照各人的信仰程度以及修行結果，往生西方可分為三品九級，其中上品往生者，由阿彌陀佛、觀世音菩薩和大勢至菩薩（西方三聖）親自接引，往生西方，然後立刻或在七日之中見佛聽法。下品下生者，雖然一生作惡多端，但只要臨死時信奉阿彌陀佛，念誦阿彌陀佛名號，也能橫超三世，往生西方極樂世界。由此大開極樂世界的門戶，擴大了淨土信仰在民眾中的影響。

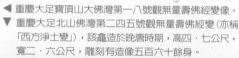

◀ 重慶大足寶頂山大佛灣第一八號觀無量壽佛經變像。
▼ 重慶大足北山佛灣第二四五號觀無量壽佛經變（亦稱「西方淨土變」），該龕造於晚唐時期，高四‧七公尺，寬二‧六公尺，雕刻有造像五百六十餘身。

《華嚴經》是怎樣一部經？

《華嚴經》全稱《大方廣佛華嚴經》，是大乘佛教的一部重要經典。在中國佛教發展史上，它是華嚴宗的主要思想依據。《華嚴經》所宣揚的思想，經華嚴宗闡揚發揮，後來又對宋明理學產生重大影響。

《華嚴經》是一部大叢書，它的形成不是一時而成。一般認為，《華嚴經》約形成於西元二世紀至四世紀中葉的南印度地區，後來又傳播到西北印度和中印度。在整部大叢書問世之前，《華嚴經》的一些單品曾經作為單本的經典流行於世。從漢文佛經的翻譯可以看出，在大本《華嚴經》翻譯出來之前，它的一些單品譯本在中國很早就已經出現。如東漢支婁迦讖譯的《兜沙經》就是大本《華嚴經》「如來名號品」的別譯本。三國時吳支謙譯出的《菩薩本業經》，即是大本《華嚴經》的「淨行品」。西晉竺法護譯的《漸備一切智德經》則是大本《華嚴經》「十地品」的異譯，等等。此外如《十地經》、《十住經》等還有很多。據記載，自漢至唐，這類單品別譯的《華嚴經》譯本共有三十多種。

唐代實叉難陀所譯的《華嚴經》共八十卷本，三十九品，稱《八十華嚴》或《新譯華嚴》，卷冊較為完備，且文義暢達，流行於世。

按佛教所說，《華嚴經》是由釋迦牟尼佛的法身——毗盧遮那佛說。據經中說，毗盧遮那佛於「海印三昧」內，在蓮華藏莊嚴世界海（毗盧遮那佛的國土即蓮華藏世界），與十方世界諸佛與以普賢菩薩等為代表的無數諸大菩薩眾相聚，為諸大菩薩所說。因此《華嚴經》所說之義，是最深奧最普遍的義理。經中的一詞一句都是遍及十方世界的普遍真理；經中每一品每一會所說之義，都展現在世界上每一事物之中，深入到微塵毛端剎土。為表示經中所說之理具有普遍意義，《華嚴經》還以「因陀羅網層層輝映」為比喻加以說明。

此經的結構是佛於「七處九會」（晉譯作七處八會）說法之事。所謂「七處九會」，即是說佛在天上人間的七個地方，九次宣說佛法。這七個地方是人間三處，即菩提場、光明殿和給孤獨園。天上四處，即忉利天宮、夜摩天宮、兜率天宮、他化天宮。經中有系統完整地解釋了大乘佛教菩薩由淺入深的修行方法和步驟，以及每一個修行階段所獲得的成果境界，等等。

《華嚴經》在中國流傳十分廣泛，其教義思想對中國佛教史和中國佛教思想史的發展曾產生過深刻的影響。此經對中國佛教各宗派的形成都起過重要作用。除華嚴宗以《華嚴經》為宗經，主要闡述和發揮華嚴教義和華嚴思想之外，《華嚴經》的教義思想還對法相唯識學、天台教義、淨土思想的流傳和發展等都有著密切的關係。此外，宋明理學的形成，與華嚴思想有密切關係。宋明理學的基本概念「理」，就是來源於《華嚴經》。「理」是《華嚴經》中一個重要的概念。宋明理學講的「理」是指「天理」，是指最高的真理；而華嚴宗的「理法界」、

「事法界」、「理事無礙法界」等是其基本教義，當然華嚴宗所說的「理」，主要指的是佛性、真如，也即是最高的、終極的真理。由此可見這兩者之間有著密切的關係。

華嚴經的中心思想是從「法性本淨」觀點出發，闡發法界諸法等同一味，一即一切，一切即一，無盡緣起等理論。在修行實踐上依三界唯心強調解脫的關鍵在於心，阿賴耶識之用功，依十地而輾轉增勝的普賢行願，最終入佛地境界即清淨法界。《華嚴經》中提出的「十方成佛」思想以及「萬法唯心」之說，都是佛學理論上的重大突破。《華嚴經》在菩薩修行十地中的第六階段時提出了「三界所有，唯是一心」、「十二有支，皆依一心」之說。前者擴大了眾生修行成佛的範圍，把成佛的修行方法擴大到一切有情，使佛教修行者都有成佛的希望。後者則是佛教人生觀和世界觀的重要陳述。在修行理論和修行方法上，《華嚴經》還具體提出並描述了大乘佛教菩薩修行實踐過程中經歷的各個階段以及具體行法。

此經在唐代流傳極廣，並出現了許多註疏，主要的如智儼《華嚴搜玄記》、法藏的《華嚴經探玄記》、《華嚴經旨歸》、《華嚴一乘教義分齊章》、澄觀的《華嚴經疏》，宗密的《華嚴原人論》等等。

▼ 河北承德普樂寺旭光閣天花藻井。

「般若經」的主要內容是什麼？

　　「般若」是指一種特殊的智能，這種智能是佛、菩薩所具有的一種不同於凡俗之人的智慧。般若思想的主要特點，是講「性空假有」。因此，所謂《般若經》，即是指宣揚諸法「性空假有」教義的大乘佛教般若類經典的統稱。舊譯作《般若波羅蜜經》，新譯則為《般若波羅蜜多經》。

　　般若類經典，在印度出現甚早。據研究，大約在西元一世紀左右，大乘佛教剛剛開始形成之時，就出現了般若類經典。佛教傳入中國的初期，各種《般若經》也隨之傳入。最早傳入中國的大乘《般若經》是東漢時期支婁迦讖譯的《道行般若經》。接著，三國時支謙譯出《大明度無極經》，也是般若類經典中的一種。此外如《大般若經》、《大品般若經》、《小品般若經》、《金剛般若波羅蜜經》等等，都屬般若類經典。兩晉南北朝時期，般若類經典被大量譯出，並在社會上廣泛流傳。唐代玄奘所譯的《大般若波羅蜜多經》六百卷，是各種《般若經》的集大成，全經分四處十六會，即佛陀分別在鷲峰山、給孤獨園、他化天宮、竹林精舍四個地方舉行了十六次集會說法。此經將以前所流行的各種般若類經典加以編輯整理，因此是彙集各種般若經典的一部大叢書。

《般若經》的主要思想，是宣揚諸法「性空假有」，即世間一切事物現象，都是因緣和合而成，沒有實在的自性，因此稱為「性空」。但性空並非虛無，虛假的現象還是存在的，這種虛假的現象，即稱為「假有」。「性空」和「假有」是一個事物的兩個方面，只有透過般若智慧，來觀察事物，才能徹底否定世俗的認識，不為事物的假象所迷惑，進而把握佛教真理，達到覺悟的境界。

《般若經》思想傳到中國後，引起了當時人們的重視。早在魏晉之際，出現了許多研究和講習《般若經》的學者。曹魏時佛教學者朱士行，就因感到當時《般若經》的譯本不完善，在講習中發生困難，有些問題無法弄清，於是立志西行，求取般若梵本，成了中國佛教史上第一個西行求法的佛教徒。魏晉時期由研究《般若經》而形成的「般若學」，在玄學的刺激和影響下發展很快，形成了所謂「六家七宗」之說。中國佛教各宗派中，以研究「性空假有」的思想學說和追求「真俗不二」的中道觀為主的三論宗，直接繼承了般若學的思想體系。《金剛般若經》則成為中

國佛教禪宗的主要思想來源之一。其他如天台宗等，也受般若經思想的影響。由此可見，般若經典在中國佛教發展史上具有重要的地位。

◀ 北京法海寺壁畫群佛圖。
▶ 印度波羅時期的般若波羅蜜多像，般若波羅蜜多為佛教萬神殿中至高無上的女神。

《涅槃經》在中國佛教史上有什麼影響？

《涅槃經》是佛教經典中一個重要部類。《涅槃經》本身有大乘和小乘之分，如西晉帛法祖所譯的《佛般泥洹經》，就是小乘經典。但在中國佛教史上，卻是大乘《涅槃經》的影響更為深遠。

西晉以來，大乘《涅槃經》曾經出現幾個不同譯本，其中影響最大的是北涼曇無讖譯的《大般涅槃經》四十卷，此經又稱《北本涅槃》。一般所說的《涅槃經》，通常就指這一譯本。

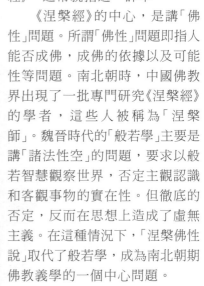

《涅槃經》的中心，是講「佛性」問題。所謂「佛性」問題即指人能否成佛，成佛的依據以及可能性等問題。南北朝時，中國佛教界出現了一批專門研究《涅槃經》的學者，這些人被稱為「涅槃師」。魏晉時代的「般若學」主要是講「諸法性空」的問題，要求以般若智慧觀察世界，否定主觀認識和客觀事物的實在性。但徹底的否定，反而在思想上造成了虛無主義。在這種情況下，「涅槃佛性說」取代了般若學，成為南北朝期佛教義學的一個中心問題。

宣講「涅槃學」最著名的人物是竺道生（？～四三四年）。與道生同屬鳩摩羅什門下的慧觀，也講涅槃學，和道生成為涅槃學派中的兩大系。由於他們的闡揚發揮，使「涅槃學」盛行於南北各地。中國佛教各宗派如天台宗、華嚴宗等，也把《涅槃經》作為佛的最高最完善的說法，由此可見《涅槃經》在中國佛教發展史上的地位之重要。

◀ 涅槃圖，描繪佛祖側臥於娑羅雙樹下涅槃圓寂的情景。

中國佛教徒的著作中，
惟一被尊爲「經」的是哪一部？

在佛教中，只有佛陀釋迦牟尼所說的言論才被稱爲「經」。但是在中國佛教史上，有一部由中國僧人所作的被稱作「經」的著作，這就是禪宗六祖慧能口述，由弟子法海集錄而成的《六祖壇經》。

《六祖壇經》，簡稱《壇經》。主要內容是記敘慧能的生平事跡和語錄，包括他本人得法傳宗以及說法教導門徒等事。《壇經》的中心思想，是宣傳一切眾生，都具有本自清靜的菩提自性，因此學佛不必外求，一旦豁然覺悟，便能「見性成佛」。《壇經》反對當時流行的淨土往生思想，認爲「隨其心淨，即佛土淨」，主張唯心淨土，等等。

《壇經》一書，文字通俗，內容豐富，對中國佛教禪宗的發展產生過重要作用，因此是研究禪宗思想發展的重要資料。《壇經》一書在社會上流傳甚廣，歷代輾轉傳抄，並經後人重新編訂改動，因此出現了一些不同的版本。這些版本詳略、體例各不相同，大致而言，主要有以下幾種：

一、敦煌本。二十世紀初發現於敦煌文書中，繫手抄本，全稱《南宗頓教最上大乘摩訶般若波羅密經六祖慧能大師於韶州大梵寺施法壇經》，題爲慧能的弟子法海集記。一卷本，不分品目，一般認爲，這是現存各種版本的《壇經》中最古的一本。

二、惠昕本。題爲《六祖壇經》。晚唐僧人惠昕據繁本刪定而成，前有惠昕所寫的序。後傳入日本，由日本興聖寺再加刻印，故又稱「興聖寺本」。

三、曹溪原本。全稱《六祖大師法寶壇經曹溪原本》。一般認爲此本曾經宋代僧人契嵩改定，因此又稱「契嵩本」。一卷十品，內容比敦煌本大大增加。

四、宗寶本，由元代僧人宗寶改定。一卷，十品，爲常見的流行本。

此外，敦煌博物館還收藏有原爲當地名士任子宜收藏，一九四三年由北京大學向達先生發現的一個古寫本，題爲《南宗頓教最上大乘壇經》，此經可補原「敦煌本」不清和遺漏的地方，在學術上有重要價值，引起了國內外學術界的極大注意。

▲ 廣州光孝寺六祖瘞髮塔。

《金剛經》是一部怎樣的經？

《金剛經》全稱《金剛般若波羅蜜經》，簡稱《金剛經》，是中國佛教非常流行的一部經典。此經的漢譯有多種譯本，通行的是姚秦三藏法師鳩摩羅什所譯的一卷本。

因為偶爾聞人誦《金剛經》之「應無所住而生其心」一句有感，才去湖北黃梅，投五祖弘忍門下。因此本經亦為禪宗所重。

《金剛經》的註疏論釋甚多。印度有無著的《金剛般若論》、世親的《金剛般若波羅蜜經論》等。中國從東晉以來，歷代注家撰述不絕。主要有僧肇的《金剛經注》一卷，隋吉藏《金剛經義疏》四卷，唐慧淨的《金剛經註疏》三卷，智儼的《金剛經略疏》二卷，窺基的《金剛經贊述》二卷，慧能的《金剛經解義》二卷，宗密的《金剛經疏論纂要》二卷等。

《金剛經》的主要內容是說佛與長老須菩提等講述諸法性空無相、不住相、無我相、人相、眾生相、壽者相等，乃至一切法不可說不可得。菩薩修行，應遠離諸相，不應住色生心，應於無所住而生其心。此經卷末：「一切有為法，如夢幻泡影，如露亦如電，應作如是觀」四句偈文，歷來被人們稱為一經之精髓，而廣為傳誦。這個偈文的意思是告訴人們，應當認識到，世界上一切事物都是虛幻不實，故而不應執著或留戀。

此經以空、慧為體，說一切法空無我之理，經文篇幅適中，所以歷來弘傳甚廣。相傳中國佛教禪宗六祖慧能就是

▲ 山西高平開化寺壁畫，開化寺大雄寶殿內的壁畫完成於北宋紹聖三年(一〇九六年)，內容為佛像和佛經故事。畫面構圖嚴謹，人物逼真生動，色彩鮮艷、線條流暢，是國內現存宋代面積最大的壁畫。

《蘇悉地經》是一部怎樣的佛經？

《蘇悉地經》全名《蘇悉地羯羅經》，又作《蘇悉帝羯羅經》，或意譯作《妙成就作業經》、《妙成就法》，三卷。唐代善無畏譯於開元十四年（七二六年），收於《大正藏》第十八冊。本經與《大日經》、《金剛頂經》同為密教三部大經之一，因此歷來受到密教修持者的重視。

本經在《大正藏》中有高麗本、宋本、和本等三種版本，都是三卷，但品目略有差異。高麗本三十七品、宋本三十八品、和本三十四品。和本乃唐順宗永貞元年（八○五年，即日本延曆二十四年）時，由日本留學僧最澄請回。最澄回日本後，創日本佛教天台宗。日本台密以《大日經》、《金剛頂經》分別作為「胎藏界」、「金剛界」的兩部經典，而將此《蘇悉地經》則作為詮釋金剛、胎藏「兩部不二」深旨之經。台密並將依據此經而有之「蘇悉地灌頂」，視為最極之法門。因此本經於台密更有重要意義。

「悉地」是「成就」之意，「蘇悉地」即為「妙成就」，即「成就勝妙」之意。密教以此指修行密法而獲之妙果。密教以住菩提心，完成正覺之位為「無上悉地」，又說獲無上悉地前有「信、入地、五通、二乘、成佛」等五種悉地。《蘇悉地經》主要內容是廣說有關佛部、蓮花部、金剛部等三部悉地成就之儀則，內容包括持誦、灌頂、祈請、護摩、成就、時分等。敘說相應於息災、增益、降伏等作法之真言及其持誦法、持誦者之人品、供養法、灌頂法、三種護摩等密教儀軌，以及根據此等密教儀軌而來的種種成就法。

由於本經主要內容是闡明密教修行者之威儀法則等，因此《開元釋教錄》將此經作為「咒毗奈耶」，禁止未受法者誦讀，即如顯教中未受具足戒者不能聽誦戒律一樣，違者即為犯戒。「《蘇悉地羯羅經》三卷，唐言『妙成就法』，此與蘇婆呼並是咒毗奈耶，不曾入大曼荼羅，不合輒讀。同未受具足者盜聽戒律，便成盜法。」日僧空海依此說將本經作為密教律部之戒經。密教以為，修行者在行住坐臥之中，若能常依此經，則悉地之事業較易成就。

此經之註疏主要有圓仁所著之《蘇悉地羯羅經略疏》七卷。

▶ 天台山方廣寺，該寺始建於宋代，寺分上、中、下三部分，圖為下方廣寺前門。

《楞伽經》是怎樣的一部經書？

《楞伽經》全稱《楞伽阿跋多羅寶經》，是印度大乘佛教瑜伽行派的重要典籍。也是中國佛教法相唯識宗所依的六經之一。早期禪宗也曾以《楞伽經》為主要依經，相傳菩提達摩剛來中國時，他所傳授的禪法，一開始並未受到人們重視，他在嵩山面壁多年，後來得二祖慧可，即以四卷《楞伽經》傳慧可。

關於本經的經名，一說「楞伽」是島名，「阿跋多羅」是「入」之意，《楞伽阿跋多羅寶經》就是「入楞伽島」所說的寶經。至於「楞伽島」在何處，呂澂先生在《入楞伽經講記》中認為，楞伽島是古代印度人對錫蘭島的稱呼，因此楞伽島在印度南方的大海中，即今之斯里蘭卡島。另有人則認為「楞伽」是山名，故此名的意思是「入楞伽山而說的寶經」，有入山得寶之意。

關於本經的漢譯，據有關史料說是前後共有四個本子：

第一個譯本是由北涼曇無讖譯出。曇無讖是中印度僧人，自幼出家，曾遊歷西域各國，大約於西元四一二年來到北涼的姑臧，至四三三年被殺，十餘年間，共譯出《大般涅槃經》、《方等大集經》、《悲華經》等十多部。相傳《楞伽經》的第一個漢譯本就是曇無讖所譯，但這個譯本後來不久即亡佚，故我們今天無法確知此譯本的具體情況。

第二個譯本是由南朝劉宋時求那跋

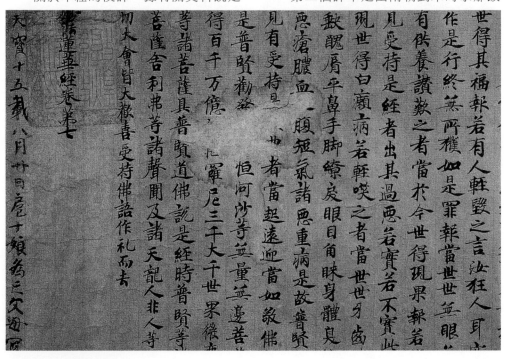

陀羅三藏法師譯出，名《楞伽阿跋多羅寶經》，四卷。求那跋陀羅又名作「功德賢」，中印度人。劉宋元嘉十二年（四三五年）由獅子國泛海來華，在廣州登陸。宋文帝遣使將他迎至南京，安頓在祇洹寺。他在華三十多年間，譯有佛經五十多部，在中國佛教史上影響較大的有《勝鬘經》、《楞伽阿跋多羅寶經》、《央掘魔羅經》、《雜阿含經》等。《楞伽阿跋多羅寶經》譯於西元四四三年，參與此經翻譯的人有寶雲（傳語）、慧觀（筆受）等人，經「往復咨析，妙得本旨」。在《楞伽經》的幾個漢譯本中，求那跋陀羅的譯本影響最大。相傳達摩傳四卷《楞伽》於慧可，進而開創中國佛教禪宗世系。早期禪宗僧人玄頤和淨覺作《楞伽人法志》、《楞伽師資記》，以《楞伽經》的翻譯者求那跋陀羅為禪宗初祖。

第三個譯本為《入楞伽經》，十卷本，由北魏時菩提流支譯於西元五一三年。菩提流支一作菩提留支，意譯為「道希」，北印度人，北魏永平元年（五〇八年）來洛陽，在北魏宣武帝支持下，在永寧寺翻譯佛經，先後譯出《入楞伽經》、《解深密經》、《十地經論》等三十餘部一百多卷。

第四個譯本由唐代實叉難陀譯出，由吐火羅僧人彌陀山等重加勘定，稱《大乘入楞伽經》，七卷。實叉難陀又是八十卷《華嚴經》的翻譯者。他在武則天的支持下，在長安組建了很大的譯場，當時許多高僧都曾參與他的譯場工作。此一譯本經過多番勘校潤飾，最後是在中印學者共同努力之下才完成。

本經四個譯本中，曇無讖譯本早已亡佚，其他三個譯本都在，日本《大正新

◀ 唐代妙法蓮華經經卷。
▲ 安徽九華山天台峰。

修大藏經》收於第十六冊。求那跋陀羅所譯四卷本，唯有一品，即「一切佛語心品」。菩提流支所譯十卷本，分為十八品。實叉難陀譯本有七卷，分為十品。三種譯本中，宋譯本最簡略，魏唐兩譯本內容則有增加，所增者主要是前面的「勸請品」，及後面「陀羅尼品」、「偈頌品」等。

現存三個譯本中，以劉宋求那跋陀羅所譯的本子最為流行，對中國佛教史的發展影響也最大。相傳這是達摩傳慧可的本子，因此還得到禪宗，特別是早期禪宗的重視。

本經的主要內容，是說佛在南海濱楞伽山頂，對以大慧菩薩為首的諸菩薩弟子等演說佛法奧義。具體大致可分為三個部分：第一相當於序分部分，即大慧向佛請問百八句義，即提出關於佛法的一百零八個問題，以為引端。其次是正說本經內容，又可分為二段，以大慧問「諸識生滅」為前段，這是略標自宗義；第二段是自大慧請說「心識法門」以下，既說自宗義，又破外道邪說，是為廣成修行。第三相當於流通分，即為大慧說斷肉因由、陀羅尼等文。

經中結合如來藏思想與阿賴耶識思想，宣說世界萬有皆由心所造，人的認識作用之對象，不在外界而在內心。經

中提出了「三界唯心」的命題，並發揮了「如來藏緣起」思想，說如來藏是「善不善因」，能遍一切，一切趣生。全經一再強調，迷的根源乃在於無始以來之無明，未能了知諸法本由自心顯現，故如能徹悟意識之本性，捨離能取、所取之對立，即可進入無所分別之境界。這些思想後來成為中國佛教法相宗的主要教義，所以此經被法相宗列為宗經而受到重視。此外，《楞伽經》中還提出了修行過程中依次漸進的「四種禪法」，即愚夫所行禪、觀察義禪、攀緣如禪、如來禪等四種。這些後來對中國禪宗史的形成

和發展，都有著重大的意義。

本經的註疏很多，比較重要者有菩提流支作的《入楞伽經疏》五卷、新羅元曉的《楞伽經疏》七卷、隋代曇遷的《楞伽經疏》六卷、唐代智儼的《楞伽經注》五卷、唐代法藏《入楞伽經玄義》一卷、宋善月《楞伽經通義》六卷、明德清《觀楞伽經記》八卷等。

◀ 甘肅天水麥積山石窟彈琴樂伎。
▼ 敦煌壁畫法華經變。

《大日經》是怎樣一部經？

《大日經》全稱《大毗盧遮那成佛神變加持經》、《毗盧遮那成佛經》、《大毗盧遮那經》等。唐代善無畏與一行等譯，七卷。這是中國佛教密宗胎藏界根本經典之一。

「大毗盧遮那」，意為「大日」，大日如來是密教供奉的本尊及最上根本之佛。據佛教傳說，此經是大日如來在金剛法界宮為金剛手秘密主等所說，原有廣本十萬頌，系龍猛菩薩入南天竺鐵塔，親承金剛薩埵傳授後誦出。現傳之七卷三千餘頌經，是從十萬頌中選出的精要部分。

據《開元釋教錄》卷九等載，善無畏三藏來到長安後，除譯經外，還注意搜集訪尋未譯出的梵本佛典。他曾與一行禪師到達長安華嚴寺，從該寺秘藏的無行從印度帶回

來的梵本中，選取三種譯出，其中之一即《大日經》略本三千頌，於開元十二年（七二四年）奉詔譯出此經前六卷，由沙門寶月譯語，一行筆受，兼綴辭理。第二年，又譯出善無畏自己帶來的梵本（一說為善無畏自撰），是為第七卷，前後合為一經，共七卷三十六品，以前六卷三十一品為正經。

本經的主要內容，是說大日世尊在金剛法界宮，為金剛手秘密主等所說，旨在開示一切眾生本有清淨菩提心所具之無盡莊嚴藏，示以本有本覺曼荼羅

為主旨，並宣說能悟入這個本有清淨心的身、語、意三密方便。此經所說不出此三句法門，更以菩提即是如實知自心、眾生自心即一切智，須要如實觀察、了了證知等，闡揚以無所住而住其心之平等法門。

本經共計七卷三十六品，前六卷三十一品為本經之主體，第七卷五品屬「供養法」。前三十一品中，第一「入真言門住心品」，為本經之序品，亦是本經的主要關鍵，著重闡釋密教基本教義（教相），以「菩提心為因，大悲為根，方便為究竟」三句，統釋全經宗旨。闡明本經所說內容，皆不出此三句法門。第二「入曼荼羅具緣真言品」以下至第三十一「囑累品」，乃敘述密教之各種儀軌、行法（事相）。其中如第三「息障品」主要敘述修真言者淨除內外障的方法。第七「成就悉地品」為闡明內心的悉地和修悟的方便。十一「秘密曼荼羅品」說真言行者入秘密曼荼羅的行法和三種灌頂、五種三

昧耶等。第七卷五品，即從三十二至三十六品，主要敘述供養念誦三昧耶等次第法門。其中三十二「真言行學處品」主要說供養及念誦曼荼羅諸尊的行法及修此三密法應持守的戒法。三十三「增益守護清淨行品」主要說修作禮、出罪等九方便等清淨行。三十四「海會儀式品」說供養曼荼羅尊者的儀式作法，等等。全經於所說諸曼荼羅（壇場）中，特以大悲胎藏界曼荼羅為正式灌頂曼荼羅，故密教胎藏部即以此經為根本經典。

本經的漢文註疏有一行的《大毗盧遮那成佛神變加持經疏》二十卷，註疏此經的前六卷。第七卷有新羅不可思議的《大毗盧遮那經供養次第法疏》二卷。此外金剛智所譯《大毗盧遮那成佛說要略念誦經》，即本經第七卷的異譯本。

◀ 山西五台山龍泉寺南宋石雕牌坊。
▲ 北京法海寺壁畫飛天像。

147

《金剛頂經》是怎樣的一部經典？

《金剛頂經》全稱《金剛頂一切如來真實攝大乘現證大教王經》，略稱《金剛頂大教王經》、《教王經》等。唐代不空三藏譯，三卷。主要闡說密教金剛界法門之經典，與《大日經》並稱為密教的兩部經，收於《大正藏》第十八冊。

不空是金剛智的弟子，曾參與金剛智譯場，他本人也曾譯過百餘部密教經典，其中《金剛頂經》是最重要的一部。除不空所譯的《金剛頂一切如來真實攝大乘現證大教王經》之外，本經另有兩種譯本，一是唐代金剛智所譯的《金剛頂瑜伽中略出念誦經》，又稱《略出經》，四卷，唐開元十一年（七二三年）譯出。另一是北宋施護所譯之《一切如來真實攝大乘現證三昧教王經》，三十卷。

　　所謂「金剛頂」，金剛是指佛法，以金剛性堅利，能無堅不摧，以此喻佛法能破一切，無往不勝之意。稱「金剛頂經」，就是喻此經所說之法當為「諸經中最高」的意思。據《金剛頂義訣》說：古來相傳，《金剛頂經》有四個本子，一是「法爾恆說本」，這是指大日如來智慧法身常恆所說之法。二是「塔內安置本」，即無量頌廣本，相傳這是金剛薩埵蒙如來之教，將「恆說本」按照諸經樣式，加入「五成就」而成之經典。據《金剛頂義訣》說，由於此經經篋廣義如床，厚四十五尺，

有無量頌，置於南天竺鐵塔內，因此稱「塔內安置本」。三是「十萬頌廣本」，即龍猛菩薩從金剛薩埵所授的「十八會」十萬頌本。四是「四千頌略本」，這是從十萬頌中摘出之四千頌要略，相當於十八會之初會中的一部分。

　　十八會本中，初會有四品，即「金剛界品」、「降三世品」、「遍調伏品」、「一切義成品」。此會基本內容是略述金剛界如來入金剛三摩地、出生金剛界三十七尊、禮讚如來、建立金剛界大曼荼羅之儀則、引弟子入曼荼羅之法，及羯磨曼荼羅、三昧耶曼荼羅、法曼荼羅等。不空所譯的《金剛頂一切如來真實攝大乘現證大教王經》三卷，即是初會四品中「金剛界品」的譯本。因此本經實際上是所謂廣本十八會十萬頌中極小的一部分。金剛智所譯的四卷本《金剛頂瑜伽中略出念誦經》是十八會中初會之摘略，而施護所譯的《一切如來真實攝大乘現證三昧教王經》三十卷則是十八會中初會之全譯本。但現在所說《金剛頂經》一般都是指不空的譯本。

　　本經的內容，主要是開示依身、口、意三密加持，以修離垢清淨菩提心智曼荼羅為主旨。經中說五相成身觀，即以通達菩提心、修菩提心、成金剛心、證金剛身、佛身圓滿等五相現成等正覺，說毗盧遮那佛之受用身，還詳說了金剛界大曼荼羅及入金剛界大曼荼羅儀軌。

　　本經之註釋，有《金剛頂經十八會指歸》一卷，《金剛頂經大瑜伽秘密心地法門義訣》一卷，《金剛頂經疏》七卷，《金剛頂經開題》一卷，《教王經義記》三卷，《教王經解題》五卷等。

◀ 山西雲岡石窟壁畫。

《大乘起信論》是怎樣的一部書？

《大乘起信論》簡稱《起信論》，相傳為古代印度馬鳴論師所著的一部佛教論書。漢譯有兩個譯本，一是南朝真諦所譯的一卷本，另一是唐代實叉難陀的重譯本，二卷。

馬鳴是西元一至二世紀左右印度的佛教文學家，出身婆羅門家族，家學淵源，初習外道之法，長於論辯，當時無有能及者。他曾遊歷各國，後來遇脅尊者，與之對論，最後被折服而皈依佛門。馬鳴信奉佛法後，曾協助迦膩色迦王弘揚佛教，傳佈大乘學說。馬鳴一生著述甚多，在現存漢文《大藏經》中，署名馬鳴撰的有《大莊嚴經論》、《佛所行讚》、《大乘起信論》、《十不善業道經》、《六趣輪迴經》、《尼乾子問無我義經》等，但近代學者則多以為除《佛所行讚》之外，其他多為托名馬鳴。姚秦鳩摩羅什譯有《馬鳴菩薩傳》一卷，記述其生平事跡，收於《大正藏》第五十冊。

《大乘起信論》一書雖也署名馬鳴造，但很早就有人對此表示存疑。隋代《眾經目錄》將其收入「疑惑部」，謂「《起信論》一卷，人云真諦譯，勘真諦錄無此論，故入疑」。近代有些學者認為此書是南北朝時的佛教學者托名所作。本書集中反映了中國佛教學者對大乘教義的理解，因此對中國佛教發展的影響極為深遠，近代此書也引起了國際學術界的興趣，對本論的研究正在進一步深入。

《大乘起信論》全書分「因緣分」、「立義分」、「解釋分」、「修行信心分」和「勸修利益分」五部分，闡述大乘佛教義理。主要思想內容是把大乘如來藏學說和唯識思想相續結合，闡明「一心」、「二門」、「三大」的佛教理論和「四信」、「五行」的修持方法。所謂「一心」，即指如來藏心。以世界萬法，無不源出於此心，故此心包含了一切世間法和出世間法。「二門」，指「心真如門」（清淨）和「心生滅門」（污染）。心真如門有離言、依言兩種；心生滅門分流轉、還滅二門。「三大」，謂體大、相大、用大。「體」即本體，又名真如，於中一切法平等，不增不減，因此稱為大；「相」即形相，又名「如來藏」，具有無量善性功德，所以稱為大；「用」即功用，謂由此產生一切善因善果，為修證菩提妙覺之所由，所以也稱為大。「四信」是指相信根本真如和相信佛、法、僧三寶，此為大乘佛教信仰之基礎。五行，即修持佈施、持戒、忍辱、精進、止觀五種德行，這是大乘佛教之實踐修持內容。

《大乘起信論》的中心思想是論證「如來藏」（真如）與世界萬物的關係，並勸導人們信奉大乘佛教。論中認為如來藏生滅心轉，是不生不滅與生滅之和合，亦為非一非異，世界萬有都是「如來藏」的顯現，因而提出「真如緣起」說。論中還勸導人們深信真如佛性和佛、法、僧三寶，修持佈施、持戒、忍辱、精進、止觀等，以獲解脫。

此書結構嚴整，理論體系完備，文義通順易讀，解行並進，既論述了大乘佛法的思想學說，又闡述了大乘佛法的

修行實踐內容。因此儘管後人對此論有許多疑問，但自古以來一直受到學人之重視，被看做是修習大乘佛法的入門書。《大乘起信論》對中國佛教各宗派教義學說的形成有很大影響，各派無不以此論作為修行入道的基礎而加以傳習，因此此論在中國流傳極廣，歷代的註疏也很多。天台宗智顗、三論宗吉藏在他們的著述中，也都曾引用過此論。玄奘西行求法歸來後，還曾將此論譯為梵文傳往印度。

▼ 天龍山石窟，該石窟始建於東魏年間(五三四～五五○年)，北齊、隋、唐均有開鑿增建，歷時近五個世紀，現存有佛像五百餘尊，浮雕、藻井、畫像一千多幅，南北朝至隋唐時期石窟藝術的不同風格特點均有所表現。

《老子化胡經》是怎樣一部書？

《老子化胡經》是西晉道士王浮所作的一部道教書籍。魏晉時期，佛教的廣泛流傳，引起了道教徒的不滿，西晉惠帝（二九〇～三〇六年）時，道士王浮作《老子化胡經》貶斥佛教。從此，圍繞《老子化胡經》的爭論成了佛道之間鬥爭的一項重要內容。

《老子化胡經》主要講老子出關，渡流沙，入天竺，化為佛陀，教化胡人，佛教由此而起。因此，佛教的創立者乃是中國古代的聖人老子等等。關於「老子化胡」之說起源甚早。如東漢桓帝時，有襄楷上疏，講「或言老子入夷狄為浮屠。」三國時，魚豢《魏略‧西戎傳》中也有「《浮屠》所載，與中國《老子經》相出入。蓋以為老子西出關，過西域，之天竺，教胡。」說明漢魏之際，關於老子化胡的故事在社會上已相當流行了。佛教初傳中國時，不得不依附於黃老道術，以求生存，因此而有老子化胡之說出

現。當初可能是想說明浮屠與黃老同出一源，兩者殊途同歸，根本上沒有什麼差異，因此可以兼奉並祠。事實上，當時人們也是把黃老浮屠看做同一回事，共同加以祭祀的。當時佛教剛剛傳入，勢力不像後來那樣，佛教徒也希望能攀附中國土生土長的道教力量，以擴大自己的影響。因此，長期以來，此說流傳於佛道兩教之間，沒有人表示異議。

西晉之時，情況有了很大變化，佛教的力量已有很大發展，不再需要依附道教。在這種情況下，道士王浮在與沙門帛遠爭論過程中，採集舊說，重新提

出「老子化胡」的問題，用以貶低佛教，抬高自己，於是引起佛道兩教的一場激烈爭論。南北朝時道教徒反對佛教，大多依據此書，使得此書成為佛道鬥爭中道教徒用以抬高自己的地位，貶低和排斥佛教的主要依據。佛教徒則竭力證明此書是偽書，並認為佛教產生於道教之先，因此，佛教地位高於道教。所以，圍繞《老子化胡經》的真偽問題，歷代佛道之間爭論甚烈。例如北魏孝明帝時，有僧人曇無最與道士姜斌，曾在殿庭中辯論《老子化胡經》的真偽問題。唐代，關於老子化胡問題又曾引起佛道兩教激烈爭論，唐高宗顯慶五年（六六○年），有沙門靜泰、道士李榮等奉旨爭論《老子化胡經》真偽。唐中宗神龍元年（七○五年），詔令僧道集內殿定《老子化胡經》真偽，有沙門明法和道士恆彥各持己見，

爭論不休。唐朝廷雖歷次下詔禁斷此書，但並沒能禁止，此書在社會上仍有流傳。元代佛道論爭，《老子化胡經》真偽又成為焦點，元世祖至元十八年（一二八一年），朝廷下令禁除《道德經》外所有道書，此經在焚毀之首，自此以後，關於老子化胡的爭論才告一段落。

此書原為一卷本，後經歷代增改，到唐代已成為十卷本。今敦煌寫本《老子化胡經》為唐代寫本，已非王浮所作的原貌了。

◀福建泉州宋代巨型老子造像，國內最大的石刻老子造像。

▲甘肅天水仙人崖石窟。該石窟為佛、道合一的石窟寺廟，有明清殿宇二十七座，房屋五十四間，北魏、宋、明清各代塑像近二百尊。十四座殿宇內有唐、宋、明、清各代佛像一百多尊，藝術價值較高。

《洛陽伽藍記》是怎樣一部書？

　　《洛陽伽藍記》是北魏楊衒之所作的一部旨在記述北魏洛陽時期（四九五～五三五年）佛教寺院興廢情況的著作。楊衒之本人的生卒年月不詳，生平事跡可考者甚少。據本書「自序」以及其他一些資料可知，他在北魏時曾任「撫軍司馬」和「奉朝請」，還曾任過郡守、秘書監等職。

　　北魏滅亡後，楊衒之重遊洛陽，眼見昔日「招提櫛比，寶塔駢羅」的洛陽寺院變成一片廢墟，滿目淒涼，不禁對世事變遷及國家興衰存亡發出了內心的感慨，故而作《洛陽伽藍記》一書。

　　《洛陽伽藍記》全書分為五卷，從城內至城外，由東、南、西、北依次記敘洛陽的一些比較大的寺院四十多個，以及附記寺院四十餘個。由於本書以洛陽寺院為綱目，還廣泛涉及了當時社會政治、風俗習慣、人物風貌、地理沿革以及社會傳聞等，因此，對我們研究北魏時期的社會狀況、政治鬥爭、民間風俗以及北魏洛陽城市建制、街坊里巷等各方面情況，都是極為有用的資料。而且，作者楊衒之具有一定的文學才能，對事物描寫引人入勝，敘事簡明扼要，文筆濃麗秀逸。本書不僅是一部北魏洛陽的寺廟志，而且還是一部優秀的文學作品。

　　《洛陽伽藍記》還具有很高的史料價值。書中敘述北魏王朝的內部矛盾與鬥

爭，以及北魏末期爾朱榮叛亂等事，委曲詳盡，許多地方可以補正史之不足。還有，本書第五卷中保留的當時宋雲、慧生出使西域的記錄，是研究中亞地理歷史以及中西文化交流史的重要資料。

　　本書自隋唐以來，為歷代諸家著述所引用，在社會上流傳較廣。本書原分「正文」和「子注」，但是在流傳過程中，正文和子注逐漸被混淆，以致後世傳本一概連寫，混子注入正文。此書版本，明代有如隱堂本，古今逸史本，和清代漢魏叢書本，真意堂叢書活字本等多種。

▶ 河南省洛陽白馬寺老山門。
▼ 白馬寺是中國的第一座佛寺，第一部漢譯佛經《四十二章經》的誕生地，第一位佛僧迦葉摩勝的駐錫地。

范縝爲什麼作《神滅論》？

　　南北朝時期，佛教勢力急劇膨脹，加深了世俗地主和僧侶地主之間的矛盾，也引起了許多儒家知識分子的憂慮和反對。

　　儒家思想是一種經世濟俗的政治哲學。它致力於鞏固傳統社會秩序，維護人與人之間的倫理綱常。因此，它與佛教在社會問題和哲學思想等方面發生矛盾衝突。一方面，由於佛教的發展，大量編民投靠寺院，減少了國家戶籍和經濟收入。佛教寺廟塔像的大量營建，又耗費了大量人力物力，影響了國家的經濟力量。另一方面，佛教講人、法二無我，但又講輪迴轉生，因果報應。因此傳到中國後即與靈魂觀念相結合而大力提倡「神不滅論」。儒家卻講敬天祭祖，但又敬鬼神而遠之。孔子一生不語怪、力、亂、神。因此，儒家與佛教鬥爭中常常強調「神不滅論」。神滅和神不滅兩種思想的鬥爭，是中國思想史上一個重大問題。東晉沙門慧遠在《沙門不敬王者論》中，專門講到「形盡神不滅」以闡述佛教的觀點。南北朝時這一問題再次引起爭論，並且由於范縝發表《神

▶ 牧牛圖，新疆克孜爾石窟七七窟壁畫，南北朝時作品。

滅論》而達到高潮。

范縝(約四五○～五一五年),字子真,南朝齊梁時人,出身於士族,博通經術,尤精三《禮》,性格質直。齊永明年間,曾與竟陵王蕭子良就有關因果問題發生論爭。范縝以「偶然」論反駁佛教的「因果」說。為了徹底駁回佛教的因果報應說,需從根本問題,即「形神問題」上入手反對佛教的「神不滅」思想,因此范縝作《神滅論》,進一步闡述他的觀點。

《神滅論》以刀「刃」和鋒「利」的關係來比喻形神問題,以為鋒利是刀刃的作用,刀刃是鋒利的本體,無刀刃則無鋒利之作用。同樣,形體是精神的依據,而精神是形體的作用,形體存則神存,形盡則神亡。除此以外,他還對「浮屠害政,桑門蠹俗」之事進行了激烈的批評。

靈魂不滅,是當時佛教宣傳的中心內容之一。因此,范縝的《神滅論》擊中其要害。《神滅論》一出,引起朝野喧嘩。齊竟陵王以及後來梁武帝曾先後多次發動對范縝的圍攻,又想以高官厚祿來進行收買,但遭到范縝的堅決拒絕,表現了一個正直的思想家富貴不能淫威武不能屈的崇高氣節。

以「刃」、「利」來比喻「形」、「神」,以「體用合一」來說明形神關係,是范縝在中國哲學思想史上的一大貢獻。

▼ 上海嘉定吳興寺大雄寶殿,該寺始建於西元五一一年(南北朝梁天監十年),是江南地區最早的寺廟之一,曾與靈隱寺、龍華寺並稱江南三大寺。

韓愈爲什麼寫《諫迎佛骨表》？

　　韓愈是唐代古文學名家，他從維護統治制度的角度出發，反對當時統治者佞佛不遺餘力的風氣。在當時舉朝競相奉佛的情況下，韓愈能獨立堅持己見，不怕觸怒皇帝，冒死上書切諫，精神難能可貴。

　　法門寺位於陝西省扶風縣城北十公里處的法門寺鎮。法門寺初名「阿育王寺」，隋煬帝末年毀於戰火，到了唐初又重建，改名「法門寺」。

　　法門寺在唐代是皇家寺院，因此在社會上有著重要影響和崇高地位。相傳寺中藏有佛骨舍利，所謂「佛骨」，據說是佛的一節中指骨。相傳此骨長「一寸八分，瑩淨如玉，以金廓棺盛之。」唐代皇室每隔幾十年就要開寺迎請，將佛骨舍利迎到宮中供養。據《廣弘明集》卷十五載署名為道宣所作的《略列大唐育王古塔歷並佛像經法神瑞跡》中記：岐州岐山南，岐山縣北二十里，法門寺塔在平原上，古來三十年一度開，開必感應。在唐代歷史上，先後曾經有過七次迎請佛骨舍利之舉，最早是在唐太宗貞觀五年，即西元六三一年時。這次開塔迎佛骨的同時，還重修法門寺，增築了殿堂，修建了鐘鼓樓。據唐憲宗元和十四年（八一九年）敕翰林學士張仲素撰《佛骨碑》中說，唐太宗曾為之建立寺宇，施以重塔，武則天又薦以寶函加以珍藏。唐中宗、肅宗、德宗等歷代帝王都曾對佛骨加以禮敬。

　　每次開塔迎佛骨，在當時都是一次重大的慶典活動。屆時京邑內外，百姓踴躍奔騰，齊聚於京師，在佛骨舍利經過的途中，王公庶士，奔走捨施，其中也有廢業破產以全部財產奉獻施捨的，

甚至不惜毀身殘肢、燒頂灼臂而求供養者。以燒頂、燃指、灼臂等極端方式供養，是當時一些佛教徒為了表示虔誠信佛的決心，甚至不惜以身獻佛的意願。

　　唐憲宗元和十三年（八一八年），有功德使上奏朝廷，講法門寺有護國真身塔，塔內有釋迦牟尼佛指骨一節。又據說此塔應當每三十年一開，開則歲豐人安，等等。於是憲宗下詔，於次年派人前往迎接佛骨，入宮中供養三天，然後交京城佛寺輪流供奉。此舉令朝野一時震動，都人若狂，王公士庶，奔走相告，「梵頂燒指，千百為群；解衣散錢，自朝至暮；轉相倣傚，惟恐後時；老少奔波，棄其業次」。面對這種情況，當時

刑部侍郎韓愈極不以為然，乃上表切諫，寫了有名的《諫迎佛骨表》。

韓愈（七六八～八二四年），字退之，原籍河北昌黎，生於河南河陽（今河南孟縣西），他幼年喪父，寄養於堂兄家。從小刻苦學習儒學，不久即通六經百家。進入仕途後，他曾任國子博士、刑部侍郎等職。

在《諫迎佛骨表》中，韓愈認為，奉事佛教，希望求福，結果會適得其反。他指出，梁武帝就是因為佞佛，數次捨身佛寺，結果造成「侯景之亂」，自己也被困餓死，導致了國破身亡。韓愈從儒家正統政治思想和倫理觀念出發，極力反對佛教的過分發展。他認為佛是「夷狄」，不知君臣之義，父子之情，所以是違背儒家的倫理思想原則的。他批評所謂「迎佛骨」之舉是「無故取朽穢之物，親臨觀之」，是自取其辱，等等。

韓愈以觸目驚心的事例，尖銳深刻的語言，嚴厲地批評了佛教，極力勸阻憲宗迎佛骨之舉，但是這觸怒了崇佛極深的憲宗皇帝，韓愈為此幾乎丟了性命。由於一些大臣的討情，才算未被殺掉，但被貶為潮州刺史，「一封朝奏落九天」。

◀ 韓愈像。
▼ 西安興教寺藏經樓。

維摩詰是怎樣一個人？

維摩詰，又作「毗摩羅詰」，意為「淨名」或「無垢稱」。他是大乘佛教經典《維摩詰經》中的主角，是佛教傳說中一個著名的在家菩薩。

據《維摩詰經》中所記，維摩詰是一個在家的居士，住在毗舍離城。家中豪富，財產無數，妻妾成群。他本人吃喝玩樂，無所不能。可是，佛經中說他精通大乘佛理，神通廣大，「深入微妙，出人智度無極」。佛教認為他雖然過著世俗的貴族生活，可是卻有一個高尚的精神境界，這一境界不僅超出一般出家的佛家弟子，甚至連佛教中一些著名的菩薩也及不上他。據說他之所以過著世俗的貴族生活，只是為了「善權方便」，也就是說是為了更好地運用他的身分、地位、財富和智慧來教化眾生而已。因此，他雖擁有大量財產，卻視為「無常」，「實無所食」。他雖然妻妾婢女，圍繞左右，卻「遠離五欲污泥」。他雖然身穿華貴的衣服，吃著精美的食物，卻「內常如禪」。佛經說他曾與文殊師利等人共論佛法，宣傳大乘佛教深奧精妙之理，貶斥小乘佛徒狹窄單純的出世思想，對於維摩詰的智慧辯才，連以智慧著稱的文殊菩薩也深表歎服。

《維摩詰經》一傳到中國來，立即受到了中國的統治者，特別是南北朝時的門閥士族階級的歡迎。據統計，從三國時支謙第一次把《維摩詰經》譯出，到東晉十六國鳩摩羅什時期，大約一百五十年間，《維摩詰經》至少被翻譯四次，說明這是當時非常流行的一部經。唐代著名詩人王維，字摩詰，就是因為敬仰和信奉維摩詰而用了這一名號。在歷代石窟造像以及佛教美術作品中，也多次出現以維摩詰為題材的作品。在這些作品中的維摩詰，完全是一中國化人物，如南北朝時代的維摩詰，往往是作「清羸學病之容，憑幾忘言之狀」，完全是一個清談家的形象。唐代美術作品中，如敦煌莫高窟第一○三窟「維摩變」壁畫中的維摩詰居士，則是鬚眉奮張，雙目炯炯有神，注視前方，整個身體略向前傾，生動地刻劃了這個智慧過人的佛教居士，正在發揮他的辯才，滔滔不絕地向文殊師利解釋大乘佛法的情景。而北宋李公麟作的《維摩演教圖》畫的維摩詰，坐在炕上，面部略帶病容，但精神矍鑠，以手作勢，整個畫面顯得安祥、寧靜，唐代敦煌壁畫中維摩詰的熱烈氣氛已完全看不到了。總之，維摩詰一再在佛教藝術作品中出現，說明了他在中國佛教徒中是個具有一定影響的人物。

▶ 敦煌莫高窟唐代壁畫維摩詰像。

什麼叫「菩薩」?

「菩薩」是梵文「菩提薩埵」的簡稱,意為「覺有情」,即指立下宏大的誓願,要以佛所說的「真理」和「覺悟」去啟發和引導世間有情眾生,使眾生擺脫煩惱,得到徹底的覺悟,渡過生死輪迴的此岸,達到涅槃寂靜的彼岸世界,也就是佛教所說的「自覺覺他」,這樣一種人,便稱為「菩薩」。

「菩薩」是大乘佛教信徒的修行理想和榜樣。其教法以達到佛果為目的,稱為「菩薩乘」,與以求得證悟「阿羅漢」果為最高目標的「聲聞乘」(小乘)和以獨自悟得十二因緣的「緣覺乘」並稱為「三乘」。有時又加上「人乘」和「天乘」兩個部分,合稱為「五乘」。

菩薩乘的經典稱為「菩薩藏」,實際上就是所有大乘佛教經典的統稱,與之相對的小乘佛教經典則被稱為「聲聞藏」。大乘佛教認為,像《法華經》、《華嚴經》等這樣的大乘佛教經典中,都包含著大乘菩薩修行正道的方法,所以稱之為「菩薩藏」。

菩薩的修行以「六度」、「四攝」為主要方法。「六度」就是六種渡過生死苦海,到達涅槃彼岸的方法。它們是:佈施、持戒、忍

辱、精進、禪定、般若。「四攝」就是菩薩為化導眾生，使眾生產生親近和信仰佛教之心而應當做的四件事，這四件事是：一、佈施攝，包括向眾生施捨財物和宣講佛法（稱為法施）。二、愛語攝，按眾生的各種不同情況，以慈愛的語言和態度加以勸慰。三、利行攝，做利益眾生的各種事情。四、同事攝，生活和活動在眾生之中，隨機加以教化。

菩薩奉持的戒律稱為「菩薩戒」，主要是依據《梵網經》所說的大乘戒律，有「十重戒」和「四十八輕戒」。從菩薩修行到最後成佛，還要經過許多階段。這些階段，佛教各派有多種不同說法。《華嚴經》將之分為十階段，稱之為「十地」。大乘佛教認為，修行到達最高階段的菩薩，只要完成這最後階段的修行，就一定能成佛。因此處於這一階段的菩薩被稱為「一生補處菩薩」。佛教中的一些大菩薩，像文殊、普賢、彌勒、觀音等，都是「一生補處菩薩」。

按大乘佛教說法，十方世界有無數佛，同時也有無數菩薩，這些菩薩常住人間，以各種身分在人間隨機說法，導引眾生脫離苦海，解救苦難。因此，菩薩往往比佛更接近眾生，更容易為眾生接受和親近。在中國佛教中，對菩薩的崇拜有時比對佛的信仰更盛，如觀世音菩薩、地藏菩薩等，在民間幾乎是家喻戶曉、婦孺皆知的。

◀ 文殊菩薩圖。
▼ 普賢菩薩圖。

佛經中有哪些著名的菩薩？

大乘佛教認為除了釋迦牟尼佛之外，在十方世界還有無數的佛，同樣也有無數的菩薩。在佛教經典中常常提到的，並且在中國民間廣為流傳的菩薩，主要有觀世音、大勢至、文殊、普賢、地藏、彌勒等諸菩薩。

大乘佛教是被稱為「菩薩道」的佛教，特別重視在成佛之前菩薩階段的修行。因此在許多大乘經典中都一再談及一些菩薩的修行功德。

在形形色色的菩薩中，最受老百姓歡迎的，大概要算觀世音菩薩了。佛教中講到觀音的經典很多，最著名的就是《法華經》中「觀世音菩薩普門品」，這一品有時直接被稱為《觀音經》。經中詳細地介紹了觀音菩薩的功德，以及救災解危的種種事跡。經中講，觀音菩薩能以各種形象出現在人們面前，幫助世人解救困難。這一說法後來又演化出各種各樣變化的觀音形象，有三十二相之說。

大勢至菩薩又作「得大勢」、「大精進」等。大勢至菩薩是西方阿彌陀佛的脅侍菩薩。《觀無量壽經》中記，大勢至菩薩「以智慧光，普照一切，令離三塗，得無上力，是故號此菩薩名大勢至。」在中國佛教寺院，或是佛教藝術作品中，大勢至菩薩往往是作為西方阿彌陀佛的脅侍菩薩，和觀音菩薩一起，出現在阿彌陀佛兩邊。這時候，它們三個被合稱為「西方三聖」。

在中國佛教寺院的大雄寶殿裡，釋迦牟尼佛像兩邊，往往有分別騎著獅子和白象的兩個菩薩像，這兩尊菩薩像就是文殊和普賢。文殊和普賢是釋迦牟尼的脅侍菩薩。文殊菩薩全名「文殊師利」，意為妙德，妙吉祥。在《法華經》、

《文殊師利般涅槃經》中都有關於他的記載。普賢菩薩作為釋迦佛的脅侍，經常以騎六牙白象的形象出現。據說他與文殊分別掌理一切佛的「理」德和「智」德。《華嚴經》、《法華經》中，詳細敘述了普賢的功德，《法華經》還把他作為護持《法華經》行世的菩薩。

按照《地藏十輪經》等佛經的說法，地藏菩薩受釋迦佛囑托，在釋迦入滅之後，未來佛彌勒降生之前的無佛時代，在天上人間以及地獄等處教化眾生，拯救諸苦。受難眾生只要念地藏菩薩之名，禮拜供奉，就可受其功德的救濟，因此在民間地藏菩薩信仰非常流行。

記載彌勒菩薩故事的佛教經典，主要有《彌勒上生經》和《彌勒下生經》。在中國佛教造像中，以彌勒為題材的造像非常多，常常是作兩腳交叉倚坐或半跏坐思維形的菩薩像，也有按《下生經》所說作佛形象的。

▶ 唐代壁畫觀世音菩薩像。

什麼是「羅漢」？

「羅漢」，即「阿羅漢」的簡稱，是小乘佛教修行者所取得的最高果位。佛教分大乘和小乘，它們在教義、教理、修行的目的和修行方法等各方面都有區別。

據佛教所說，修行者要達到阿羅漢果位，必須經過四個等級，最高即為「阿羅漢」果位。據說達到阿羅漢果者，已經除盡一切煩惱和疑惑，證得涅槃，得到解脫，不再進入生死輪迴，應當享受人天的供養，所以「羅漢」的意思又為「應供」。

在中國佛教寺廟裡，我們經常可以看到有「十六羅漢」、「十八羅漢」、「五百羅漢」的像，而且他們常常成為佛教文學藝術作品的主題。

佛教相傳，十六羅漢是釋迦牟尼佛的弟子，佛在去世（涅槃）之前，曾囑咐他們要在佛滅度後守護佛法，常住世間，直到未來佛出世之後才能離開世間。因此它們沒有追隨佛入涅槃，而是在世間接受世人供養，為眾生守護佛法。至於十六羅漢的名稱，一般都是依據唐代玄奘所譯《法住記》中所說。十六羅漢的傳說傳入漢地較早，如北涼道泰

譯的《入大乘論》中已講到，但具體名稱還未確定。唐代以前，社會上對十六羅漢的信奉也不普遍。唐玄奘譯出《法住記》以後，民間對十六羅漢的崇奉才逐步發展。

宋元以後，對羅漢的信奉，又從十六羅漢慢慢演變到十八羅漢，這增加的兩名，有多種不同說法。一是把《法住記》的作者慶友和翻譯者玄奘法師列入十八之數，一種是加上慶友和賓頭盧。但賓頭盧實為十六羅漢中第一賓度羅跋羅惰闍的重現，因此也有人反對此說。還有一種說法，認為應當是《彌勒下生經》中所說的「四大聲聞」中的兩個，即摩訶迦葉和君屠缽歎。總之是眾說紛紜，各自有理。

在漢地一些佛教寺院中，建有五百羅漢堂。如北京的碧雲寺，蘇州的西園寺，成都的寶光寺等。關於五百羅漢的傳說，在佛經中也有多種說法，一般認為是佛滅度後，有五百羅漢第一次舉行集會，編纂佛教經典，此即為五百羅漢傳說的起源。至於五百羅漢的名號，則是後人附會，在佛經中並無依據。

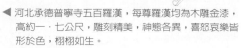

◀ 河北承德普寧寺五百羅漢，每尊羅漢均為木雕金漆，高約一‧七公尺，雕刻精美，神態各異，喜怒哀樂皆形於色，栩栩如生。

▲ 羅漢圖。

「四大名山」是哪幾座？

中國佛教有四大名山，佛教徒認為這是四個菩薩修行或顯靈說法的道場。它們是：山西的五台山（文殊道場）、四川的峨嵋山（普賢道場）、浙江的普陀山（觀音道場）、安徽的九華山（地藏道場）。這四大名山是佛教徒集中參禮朝拜的地方。

五台山在山西省五台縣東北約四十里處，其山方圓五百餘里，山的東西南北中，分佈有五個高聳的山峰，峰頂平坦寬廣如台，故稱五台山。山上氣候，盛夏不覺暑氣，涼爽宜人，故又稱「清涼山」，是著名的避暑勝地。晉譯《華嚴經》中曾講到東北方有清涼山，文殊菩薩及其一萬菩薩眷屬常住此山說法。又唐時所譯的《文殊師利陀羅尼經》中講，佛滅度後，南贍部州東北方有大振那國，國中有五頂山，是文殊師利居住和說法之處。因此，五台山就被佛教徒作為文殊菩薩示現說法之處。據《清涼山志》記，元魏時，此山就有盛名，北齊時，已建有佛教寺院二百餘所，以後歷代都有大規模的修建。唐代開始，就有外國僧人來此朝拜。現在仍保存有許多佛教寺院以及大量具有重要價值的佛教文物。

峨嵋山在四川峨嵋縣西南，相傳是普賢菩薩顯現瑞相的地方。山上最大的寺院萬年寺，晉代初建時名普賢寺，這可能就是此山崇奉普賢菩薩的開始。宋代，這裡盛傳普賢菩薩在此顯相，宋太宗太平興國六年（九八〇年），又造兩丈餘高的普賢銅像安置於山寺中。後來歷代又屢次修建寺院，於是這裡逐步成為普賢道場。現今山頂光相寺，相傳即為普賢

菩薩顯靈之處，山上有萬年寺、報國寺、伏虎寺、光相寺等佛教寺院，並有鑄造精美的佛教造像和許多佛教文物。

普陀山在浙江省普陀縣境內，是舟山群島中的一個小島。相傳唐大中年間（八四七～八六○年）有印度僧人來此，在島上潮音洞中見到觀音菩薩顯靈說法，遂傳此地為觀音道場。因佛經上有觀音菩薩居於南印度海中「普陀洛迦山」之說，所以稱此島為普陀山，後梁貞明二年（九一六年），有日僧慧鍔者，從五台山得觀音像，渡海歸國，舟行至此，受阻不能行，於是在島上建「不肯去觀音院」。北宋以後，觀音信仰日盛，凡航海路經此地者，都來朝拜觀音，祈禱旅途平安，於是這裡作為觀音道場，名聞海內外。山中以普濟、法雨、慧濟三大寺為中心，有大小廟堂、茅篷數百處，並有潮音洞、紫竹林、梵音洞、盤陀石、二龜聽法石等名勝多處。

九華山在安徽青陽縣西南，因有九峰如蓮，所以名九華山。相傳唐開元間，有新羅僧人金喬覺來此修行，青陽人諸葛節為其修建寺院，唐建中二年（七八一年）賜額「化城寺」，成為全山寺院的中心。金喬覺去世後，被認為是地藏菩薩化身，稱之為「金地藏」，建肉身塔以供奉，此山遂成為地藏菩薩道場，每年農曆七月十五的盂蘭盆節，以及七月三十日地藏菩薩誕辰前後，朝山進香者日以萬計。現全山有大小寺院茅篷八十餘處，著名的有化城寺、祗園寺、萬年寺、東巖寺等。

◀ 峨眉山報國寺。
▼ 五台山菩薩頂，又名真容院、文殊寺，是傳說中文殊菩薩的居住處。

大肚彌勒像到底是誰？

在中國佛教寺院，進入山門之際，往往迎面可見一尊笑容可掬的胖大和尚塑像，光頭大耳，袒胸凸肚，箕踞而坐，笑哈哈地看著進寺的人們。他敞懷喜笑的面容，與兩邊手持兵器、怒目相向的四大天王像構成了一種鮮明而強烈的對比。這位胖胖的、整天樂哈哈的菩薩像就是彌勒。

據佛教經典中說，彌勒菩薩生於南印度一個婆羅門家，後來跟從釋迦佛出家。佛陀曾預言他將繼承釋迦牟尼，在來世成佛，降生到我們這個世界，在華林園龍華樹下三次說法，度脫眾生。因此佛教認為他是一個未來佛。

唐代以前的彌勒造像，大多是以菩薩形像出現，頭帶寶冠，身著天衣，披瓔珞。或作兩腳相交倚坐之形，或作一腳自然下垂，一手扶著臉頰的半跏思維形。也有塑作佛的形相，這時與釋迦佛像沒有什麼區別，只有從佛像題記上來區別。這是

以彌勒下生以後成佛的內容為題材，依據《彌勒下生經》塑造。總之，與那位慈目善眉，袒胸露腹，合不攏笑口的胖和尚沒有絲毫相似之處。

那麼，現在寺院中供奉的那尊喜笑顏開的大肚彌勒像，是何時出現的，又是按照誰的形像塑造的呢？

原來，在唐末五代，浙江奉化有個名叫「契此」的和尚，號為「長汀子」，他身材短胖，形相猥瑣，言語無定，隨處坐臥。經常以杖背一布袋入市，四處化緣，見物則乞，人稱「布袋和尚」。據說他能示人凶吉禍福，而且非常靈驗。在臨終之前，曾說一偈：「彌勒真彌勒，分身千百億，時時示時人，時人自不識」，後來人們就把他作為彌勒菩薩的化身，先是在江浙一帶，民間都畫他的圖像供奉，後又在寺院塑其形相，這就是現在寺院中大肚彌勒像的由來。契此死於後梁貞明三年（九一七年），因此將其形象作為彌勒菩薩供奉，當是宋代以後的事情了。

◀ 布袋和尚。

濟公是否確有其人？

　　歷史上確實有過一個被稱為濟公的和尚，他就是南宋時杭州靈隱寺的僧人道濟禪師，民間傳說中的濟公活佛，就是以他為原型塑造的。

　　濟公，是中國老百姓非常熟悉的一個人物，關於他的神異故事，幾百年來廣泛流傳於民間，為人們茶餘飯後所津津樂道。濟公半狂半顛，遊戲於世間人生；嘻笑怒罵，捉弄富豪惡奴；扶貧助弱，救人於危難之中，他以他的神通，仗義執言，除暴安良，深得民眾的信仰和敬重。這個充滿神話色彩的濟公活佛，是文學家和藝術家按照民間傳說塑造出來的一個藝術形象。

　　道濟（一一五○～一二○九年）是南宋僧人，俗姓李，名心遠，浙江天台人，他出家於杭州靈隱寺，後常住淨慈寺，是一個禪宗僧人。他的神異故事廣泛流傳於民間，通稱濟顛僧或濟公。他生活落拓，不拘禮法，不守戒律，嗜好酒肉，言行類似顛狂，所以有人稱他為「濟顛僧」。相傳淨慈寺曾經遭受火災，他到浙江桐廬一帶去募化，新修淨慈，使淨慈寺得以恢復舊觀。江浙一帶民間，至今留下許多關於濟公的神話傳說故事，有《錢塘湖隱濟顛禪師語錄》記載其神異事跡。

　　從僧人道濟到活佛濟公的演化，反映了老百姓的一種願望。在傳統社會裡，由於統治者的壓迫和剝削，百姓過著苦難的生活，求告無門，又無力反抗，於是就希望有這麼一個能主持正義，解救危難，除暴安良的救世主出現。在佛教非常流行的中國社會，一些人就把希望寄托在佛、菩薩的身上。濟公活佛的故事，正是在這樣一種社會背景下產生，並廣泛流傳於民間的。

◀ 濟公圖。

中國佛教有哪些主要節日？

佛教在中國的傳播過程中，一些宗教儀式同傳統的民間風俗習慣等相結合，形成了一些宗教節日。每逢這些宗教節日，民間或寺院都要舉行一些活動。中國佛教的主要宗教節日，有佛誕節、盂蘭盆會、佛成道節等。

佛誕節也稱「浴佛節」，是紀念佛陀釋迦牟尼誕生的節日，也是佛教最大的節日之一。在漢族地區，一般以農曆四月初八為佛誕日。在這一天，佛教寺院裡一般要舉行「浴佛法會」，並舉行誦經法會，開展拜佛祭祖等宗教活動。在中國西南的傣族、布朗族等少數民族地區，慶祝佛誕的活動則和民族傳統的相互潑水祝福習俗相結合，形成「潑水節」。

盂蘭盆會也是佛教最大的節日之一，是每年農曆七月十五為追薦祖先亡靈而舉行的法會。盂蘭盆會是依據西晉竺法護所譯《佛說盂蘭盆經》而起。南朝梁大同四年（五三八年），梁武帝在同泰寺設盂蘭盆齋，這是漢地最早舉行的盂蘭盆會。

佛成道節是紀念釋迦牟尼在菩提樹下悟道成佛的日子。中國漢地佛教一般以農曆十二月初八為佛成道之日。中國佛教徒在佛成道日以米和果物煮粥供佛，稱之為「臘八粥」。後來在社會上流傳，成為一個民間習俗。

除了以上節日外，漢地各寺院還流行許多不見經典記載的各種佛、菩薩生日，比較重要的如農曆七月三十為地藏菩薩生日，屆時九華山地藏道場將舉行盛大地藏會。二月十九、六月十九和九月十九是觀音菩薩的誕生、成道、出家的紀念日，普陀山將舉行重大慶祝活動等。

▼ 承德普寧寺大法會。

僧人聚居的地方爲何稱做「寺」？

中國佛教僧人聚居和舉行宗教活動的地方，一般稱為「寺」，如「少林寺」、「法源寺」、「龍華寺」等。「寺」原來並非專指佛寺，而是一般官署、官府的通稱。漢代以來，王公所居的地方稱之為「府」，九卿所住的地方稱之為「寺」。《漢書‧元帝紀》的注中說「凡府庭所在，皆謂之寺」。

以「寺」作為對佛教僧侶基本生活和活動場所的稱呼，與「鴻臚寺」及其掌管事務有關。《大宋僧史略》講：「沙門始隸鴻臚寺也」，又說，「鴻臚寺之任，禮四夷遠人也。教法初來，須就斯寺，雖同白馬，終隸此司。古云僧尼是鴻臚寺者是也」。中國漢地最早的佛教寺院，是洛陽郊外的白馬寺。相傳漢明帝夜夢金人，遣人西行求法，佛教傳入漢地，最初來漢地的印度、西域僧人，先是下榻於鴻臚寺。後因鴻臚寺乃招待四方賓客的國家賓館，非僧人久居之地，所以在洛陽城西雍門外另立居處，稱做為「白馬寺」。之所以仍以「寺」稱之，是把他們看做西方來的客人，仍待之以賓客之禮。後來人們沿襲這一稱呼，習慣上把僧人聚居的地方都稱做「寺」了。

梵語稱僧眾居住之處為「僧伽藍」，略稱「伽藍」。據唐代玄應《一切經音義》中解釋，「伽藍」就是「眾園」，即指僧眾團體居住的地方。北魏楊炫之著《洛陽伽藍記》一書，記載北魏洛陽佛教寺院情況，可見中國也有把佛寺稱為伽藍的。

▲ 法門寺地宮出土舍利套函鎏金如來像。

敦煌藏經洞是怎麼被發現的？

　　二十世紀初，敦煌石窟和莫高窟藏經洞內所藏古代文書的發現，震動了世界。敦煌，一個幾乎被人遺忘的地方，成了世界著名的藝術寶庫。今天，世界上許多國家和地區的人們，紛紛來這裡觀賞、學習和研究。

　　古代敦煌，正處於中西交通的要道上，是中外文明的匯合點，這裡曾經有過興盛和繁榮。特別是在唐代，敦煌的經濟、文化都發展到了高峰，由此形成了輝煌的古代文明。但是，這裡又是古代邊防要地，戰爭的烽火經常摧殘著它，使它遭到巨大的損失和破壞。北宋初年，黨項族人建立的西夏國興起於西北。敦煌在被西夏統治時期，當地僧人將歷代經卷、畫卷等藏在莫高窟的一個洞窟復室裡，外面用磚封住，再塗上泥牆，畫上壁畫。這些寶藏被秘藏以後，

這些僧人都四散逃離，以後大概再也沒人回來，因此這個秘密就一直被封存了下來。

　　此後幾百年，由於海路交通的開發，這裡失去了作為交通樞紐的地位，同時由於佛教勢力日趨衰微，敦煌過去繁榮的景象就一去不復返了。明代以後，處於西北邊陲的敦煌莫高窟十分冷落，無聲無息，幾乎被歷史所淹沒。

　　二十世紀初，一件偶然的事情，使莫高窟的石室藏書重見天日，於是敦煌寶藏重現於世。一九〇〇年五月，一個

姓王的道士在監督工人清理莫高窟北端的一個洞窟時，在通道邊一堵壁畫牆的裂縫處，發現了一個用泥封住的緊閉的小門。打開小門，裡面是一個高約一‧六公尺，寬約二‧七公尺，略帶長方形的復室。室中堆滿了寫本經卷、各種文書、織繡、繪畫、法器等。其數量多到至今仍無法弄清楚，據估計總有好幾萬件。這些東西，包含了千百年的古代傳統社會中有關政治、經濟、宗教、歷史、文學、藝術、社會風俗等各方面重要資料，這是一個蘊藏量極其豐富的歷史文物寶藏。

這些稀世瑰寶的出現，並沒有引起昏庸腐敗的清政府重視。它只是下令叫縣衙門清點一下，然後就地封存。貪婪而又無知的王道士，並未認真封存，相反卻監守自盜。大量的無價之寶，就經過他的盜賣而流散四方。

敦煌寶藏被發現的消息傳出。一時之間，沙俄、英國、法國、德國、美國、日本等許多國家派出了「探險隊」來此，如英籍匈牙利人斯坦因、法國漢學家伯希和、日本的大谷光瑞探險隊、美國的華爾納，等等。他們假借「考古」之名，以極低的代價買通王道士，盜走大批珍貴文物，運往國外。直到一九○七年，由於當時愛國學者的一再呼籲，清政府才正式撥款，命令將劫後殘餘的八千多卷古代文書運往北京，保存在北京的京師圖書館(北京圖書館前身)。

◀ 敦煌西千佛洞位於敦煌市西，是敦煌石窟的重要組成部分，現存北魏至宋等朝洞窟二十二個、壁畫九百一十平方公尺，彩塑五十三身。
▲ 敦煌壁畫行腳僧圖，描繪了一個西來的高僧不畏艱辛，向東遠行，授經傳道的精神面貌。

什麼是敦煌學？

　　敦煌石窟的精美藝術珍品以及敦煌古代文書的發現，震驚了世界，受到國內外學者的極大關注，他們從各種專門學科的角度，對這些文物進行了深入研究，進而形成了一門新的學科，即「敦煌學」。

　　「敦煌學」，大致可包括對敦煌石窟和敦煌文書進行研究的學問。敦煌石窟和敦煌文書的研究各自具有不同的內容，自成系統，又互相補充、互相交叉，與其他一些學科，如宗教學、民族學、語言文字學、歷史學、文學、藝術等有一定聯繫，所以，敦煌學所包含的內容是極其廣泛的。現在世界上有幾十個國家或地區的學者在研究這門學問，主要有中國、日本、法國、英國、德國、俄羅斯等。

　　「敦煌學」誕生至今，已有將近一個世紀的歷史。「敦煌學」這一名詞，是由著名學者陳寅恪先生提出的。可是在中國，由於政府的無能，敦煌石窟的藝術珍品以及珍貴的文獻被大量盜賣至國外，一部分則散失於民間，研究工作根本無法展開，研究者也很少。敦煌學研究在中國真正開展是在二十世紀的五〇年代以後。一九四九年後，敦煌藝術研究所改組為敦煌文物研究所，擴大了組織，增加了經費，改善了工作條件，使得學術研究漸漸繁榮，取得了很大成果。「文革」結束以後，中國的敦煌學研究達到了空前的繁榮。敦煌文物研究所擴大為敦煌研究院，加強了研究力量，在海內外學術刊物上發表了一系列有關論文。中國一些著名大學如北京大學、武漢大學等也對敦煌文書進行了深入研究，出版了論文集。蘭州大學歷史系和西北師範學院歷史系分別成立了敦煌研究室和敦煌學研究所，其他一些大學還開設了敦煌學的講習班，培養了許多從事敦煌學研究的人才。一九八三年八月，中國敦煌學討論會召開，參加會議的學者達二百餘人，會上發表了有關敦煌歷史地理、石窟考古、敦煌文書、文學、美術、宗教、民族等各方面論文百餘篇，這是有關敦煌學研究成果的一次大檢閱。此後二十多年來又召開了數次大規模的敦煌學研究的學術討論會，極大地促進了敦煌學的發展。隨著社會的發展，敦煌學的研究必將越來越走向繁榮。

▶ 反彈琵琶圖，敦煌莫高窟唐代壁畫，一百一十二窟《西方淨土變》的一部分。

八思巴是怎樣一個人？

　　八思巴，又作發思巴、帕思巴、拔思發等，意思是「聖者」。相傳他很小就精通佛法，能講解佛經，引起人們驚訝，認為他是神童，所以稱他為「聖者」。

　　八思巴是中國西藏地區薩嘉人，自幼就隨其伯父、西藏佛教「薩迦派」的第四代祖師薩班‧貢噶堅贊（一一八二～一二五一年）學習佛法。他的學識和見解深得其伯父的嘉許，因此在其伯父去世前，曾將代表自己地位的法缽和法螺等傳授給他。這樣，他成了藏傳佛教「薩迦派」的第五代祖師。

　　八思巴一生，只活了四十多歲。但是他一生的活動，卻對中國歷史和中國佛教史的發展產生過非常重要的作用。他繼承了伯父薩班的事業，努力鞏固西藏地區和中央政權的關係。他少年時，曾隨從其伯父到達涼州，會見駐守在涼州的成吉思汗的孫子闊端。十三世紀初期正是蒙古族在北方興起之時，他們的聯繫，可以說是西藏宗教界領袖與蒙古王室建立正式接觸的開端。薩班死後，八思巴繼承了他的地位，成為「薩迦派」的教主，同時也成為西

藏地方勢力與元朝建立聯繫的代表人物。一二五三年，八思巴會見了忽必烈。自此以後，他一直追隨忽必烈左右。曾為忽必烈夫婦等二十五人傳授秘密戒法、四種灌頂。一二六〇年，忽必烈即蒙古大汗位，封八思巴為國師，賜玉印。一二六四年，元朝中央政府設總制院，作為最高僧官機構，執掌全國佛教和西藏地區事務。八思巴以國師領總制院事，成為全國佛教的最高僧官，在朝廷中享有很高地位。他在進一步加強鞏固當時中央政府和西藏地區的聯繫。

　　元至元年間，他奉敕創製蒙古文字，一二六九年字成獻上。這是一種拼音文字，書寫格式一般是從右到左，直行書寫。這種文字，後稱為「八思巴文」。至今人們還可以從一些當時保存下來的錢幣、碑刻或印刷品上看到這種文字。「八思巴文」製成後，元朝曾借政治力量在全國大力推行，並加封八思巴為「帝師」、「大寶法王」之號。蒙古文字的制定，推動了蒙古民族的文化發展，促進了蒙、藏、漢各民族之間的文化交流。

　　一二八〇年，八思巴去世，元世祖謚為「皇天之下一人之上開教宣文輔治大聖至德普覺真智佑國如意大寶法王西天佛子大元帝師」的稱號，並敕令在各郡建立帝師八思巴殿，說明了元朝廷對他的尊崇。八思巴的著作，在漢文《大藏經》中有《彰所知論》、《根本說一切有部出家授近圓羯摩儀範》等。

◀ 八思巴文銅印。八思巴文是八思巴奉元世祖命制定的拼音文字,脫胎於藏文字母,至元六年(一二六九年)作為國
　字正式頒行,俗稱「八思巴字」。主要應用於官方文件。

▶ 八思巴像。

藏傳佛教是何時形成的？

藏傳佛教是中國佛教的一支，主要流行於中國的藏族、蒙古族、土族、裕固族等少數民族地區。其經典主要是用藏文記錄，稱「甘珠爾」(經) 和「丹珠爾」(律)。「藏傳佛教」的出家人被尊稱為「喇嘛」，所以「藏傳佛教」也稱「喇嘛教」。

佛教傳入西藏地區，大約是在西元七世紀中葉。當時西藏吐蕃王朝的松贊干布贊普娶了尼泊爾的尺尊公主和唐朝的文成公主。這兩位公主都信奉佛教，她們入藏，帶去了佛教的經典法物和佛像，松贊干布在她們影響下也皈依了佛教。

從當時西藏地區社會發展情況來看，松贊干布剛剛開始用武力統一西藏，建立了吐蕃王朝，為了鞏固新成立的吐蕃王朝的統治，他在內政與外交方面，採取了一系列措施。然而當時西藏各部落統一的局勢很不穩定，吐蕃王朝內部的權力也相當分散，一部分守舊的貴族，利用西藏原始宗教——苯教的教義，與苯教巫師一起反對松贊干布。苯教是流行於藏族地區的一種信仰「萬物有靈論」的原始多神教，苯教的巫師是人和神靈的中介，他們操縱著祭祀大權。按苯教的說法，贊普雖是天神之子，但與其他部落首領只是兄弟，沒有統屬關係。顯然，這種原始的多神宗教已不能適應當時政治上統一形勢的需要。佛教在這種社會背景下傳入西藏，很快便受到松贊干布為首的吐蕃王朝的重視。

佛教傳入西藏後，曾經遭到舊貴族和苯教祭師的強烈反對。他們之間進行了長期的衝突，這種衝突有時非常激烈，而且幾經反覆。佛教曾多次遭到嚴重打擊，甚至被完全趕出西藏，但最後終於戰勝了苯教。佛教在與苯教的長期衝突中，也吸收、融合了苯教的一些教義、神祇和宗教儀式，進而形成了具有濃厚西藏地方色彩的「藏傳佛教」。

佛教在西藏輸入和發展的過程，大致可分為「前弘期」和「後弘期」。「前弘期」起於西元七世紀中葉的松贊干布時，相傳松贊干布信奉佛教後，曾派人往印

◀ 苯教神像。歷史上，苯教與藏傳佛教為爭奪西藏正統宗教的地位爭鬥多年，雖然落敗，但在藏北等地區至今仍有影響。

▶ 晴空下的西藏拉薩布達拉宮。

度學習梵文和佛經，回來後創造了藏文字母和文法，形成了統一的藏文，並開始供奉佛像，修建寺院。到八世紀，印度蓮華生大師入藏，折服了原來盛行的苯教，大力傳揚佛教，翻譯經典，佛教此時在社會上廣為流傳，這是「前弘期」佛教發展最興盛時期。到九世紀中葉，朗達瑪贊普採取禁佛措施，封閉寺院，焚毀經像，禁止佛教流傳。藏地佛教基本毀滅，「前弘期」結束。大約從十世紀起，佛教在西藏地區又有復興，是謂「後弘期」的開始。到十一世紀，印度摩揭陀地方超巖寺上座阿底峽大師經尼泊爾入藏，又大弘佛法。阿底峽著《菩提道燈論》等，宣揚大乘佛教教義，他又傳授密法灌頂，指導藏族僧人仁欽桑波等翻譯很多顯密經論，於是佛教又逐步得到發展。在「後弘期」，西藏佛教逐步形成寧瑪、噶當、噶舉、薩迦、格魯等許多派別。大約在十三世紀以後，上層喇嘛逐步掌握西藏地方政權，經過不斷發展，最後終於形成了西藏地區獨特的、政教合一的「藏傳佛教」。

「頓、漸之爭」是怎麼回事？

　　七世紀，佛教由中國和印度、尼泊爾同時向西藏輸入。大乘佛教的「頓悟」說與印度僧人所說的「漸悟說」發生激烈矛盾。後來，這場爭論以「頓悟」說失敗而告終。

　　文成公主入藏時，隨行的有漢族僧人，還帶去了漢文佛經。據說當時拉薩有一個叫「大天壽」的漢僧曾參與了西藏佛經的翻譯。到了八世紀，赤德祖丹贊普與唐聯姻，娶金城公主。金城公主入藏，又帶去了漢地佛教的影響。赤德祖丹及其兒子赤松德贊都曾派人去長安取經，迎請漢僧，因此漢族宗教文化對西藏宗教產生了一定影響。

　　當時中國佛教正是禪宗興起之時。禪宗六祖慧能在廣東曹溪開「頓悟」法門，主張「不立文字，見性成佛」的頓悟說，這種學說認為成佛不必經過長期漸進的修行，只要透過內心的觀照，一旦豁然大悟，見得自性本自清淨圓滿，就能即身成佛。這種主張「頓悟」的佛教理論透過一些漢族僧人也傳到了西藏，並且有了一定的勢力。

　　據史籍記載，在八世紀後期赤松德贊時，有一個叫「大乘和尚」(也譯作「摩訶衍那」)的漢僧，他是在吐蕃佔領河西隴古以後，應吐蕃贊普之請去拉薩講經的。他在西藏宣揚大乘佛教的「頓悟」說，認為成佛不是依靠長期的修行，主要是靠透過修行者的主觀覺悟，得到內在的頓悟。同時他還主張修行者應當排除任何思慮，以無想、無得為最高修行方法。「大乘和尚」的這種宗教理論，很明顯是與中國禪宗南宗的「頓悟」說一脈相承的。他所宣揚的這種學說在當時很受歡迎，當時西藏僧俗跟隨他修行的人很多，連赤松德贊的一個妃子沒盧氏也帶貴族婦女三十多人跟他受戒當了尼姑。「大乘和尚」這一派在當時被稱為「頓門巴」。

　　但是這一派受到以寂護、蓮花戒為代表的印度僧人的反對，他們認為「頓悟成佛」的說法是錯誤的，就像登山得一步一步往上爬，修行成佛也只有經過長期漸進的修持，才能一步一步地取得成就。他們這一派的主張被稱為「漸門巴」。

　　由於「頓門巴」和「漸門巴」在教義、修行方面的不同主張，因而發生了爭論，兩派之間矛盾衝突愈演愈烈。赤松德贊起先並不表態，後來不得不下決心來解決這場佛教內部的鬥爭。於是由他

親自出面召集以蓮花戒為首的「漸門巴」僧人和以大乘和尚為首的「頓門巴」僧人進行公開的辯論。這場辯論，據說斷斷續續進行了三年之久（約七九二～七九四年），這就是西藏佛教史籍上提到的所謂「頓漸之爭」。在敦煌漢文經卷中，有一卷叫《大乘頓悟正理訣要》的抄本，就是記敘了大乘和尚在吐蕃的活動以及當時「頓漸之爭」的情況。

這次爭論，「頓門巴」一度佔了上風，但後來由於各種原因，特別是赤松德贊最終表示贊同「漸門巴」的觀點，於是以蓮花戒為代表的「漸門巴」最後取得了勝利。大乘和尚等漢僧被遣返內地，門徒有的宣佈改宗，有的憤而自殺，教法被禁止流傳。「頓門巴」雖然失敗了，但漢地佛教「頓悟」說思想在西藏佛教中仍然有著一定影響。後來西藏佛教寧瑪派、噶舉派的某些教義和修行方法，都吸收了「頓悟」說的思想理論。

◀ 西藏拉薩大昭寺金頂上的法輪。
▼ 青海塔爾寺內酥油花「文成公主進藏」。塔爾寺內的酥油花、壁畫和堆繡，被稱為「塔爾寺三絕」。

藏傳佛教有哪幾個主要派別？

　　十一世紀中葉以後，西藏佛教開始產生一些教派，這一過程一直延續到十五世紀中葉，前後共經歷了三百多年。西藏佛教各派中，主要有寧瑪派、噶當派、薩迦派、噶舉派、格魯派。

　　西藏社會自十一世紀以後，各地開始形成了一些地方割據勢力。他們之間不斷發生爭權奪利的鬥爭。這樣，處於不同勢力集團下的佛教，其教義、教理的發展方向也不同，進而引起不同教派的產生。十世紀後半期開始，「後弘期」西藏佛教不斷發展，各種顯密經典都已先後被譯成藏文，佛教各種思想都被介紹過來，佛教中原有的各種不同派別的教義思想也都傳入西藏，這必然會影響西藏佛教的發展。

　　寧瑪派是藏傳佛教中歷史最悠久的一派。它是由最早傳入西藏的密教與苯教融合而產生的一個教派。該派僧人均戴紅帽，故又被稱為「紅教」或「紅帽派」。此派自稱他們的教法是直接從蓮華生傳下，以傳承前弘期所譯的密教典籍為主，要比其他教派產生早三百年。

　　噶當派是「後弘期」各教派中出現最早的一派。十一世紀時由阿底峽的弟子仲敦巴創立。此派以阿底峽的《菩提道燈論》為基礎，強調僧人必須循序漸進地修

行。他們認為顯教和密教是相通的，但密教更有特殊的功能。一○五五年，仲敦巴在聶塘主持阿底峽逝世週年紀念會，建立起第一座噶當派寺院。一○五六年，他受當雄一帶地方耆老邀請，去熱振傳教，在那裡又建立了熱振寺，噶當派就以此為基地發展起來。十五世紀，宗喀巴在噶當派基礎上創立格魯派，噶當派寺院都歸入格魯派，該派遂不復存在。

薩迦派是藏傳佛教中影響較大的一個派別。此派創始人是貢卻傑布，他曾在後藏薩迦地方建立薩迦寺，此派就被稱為薩迦派。從十三世紀中葉到十四世紀中葉，此派在西藏地方占統治地位。其第五代祖師八思巴曾任元世祖忽必烈的帝師，管理過全國各地佛教事務。十四世紀中葉以後，元王朝衰弱，薩迦派在政治上失去依靠，勢力遂下降。該派教義主要是所謂「道果法」，主張修行者斷除一切常見、斷見，按照一定的修行次第去學法，可獲得「一切智」而成「正果」。由於此派寺院圍牆上塗有紅、白、藍三色條紋，俗稱花教。

噶舉派是十一世紀形成的藏傳佛教教派。「噶舉」是口授傳承之意。這一派注意密法，多以心口相傳。又因此派僧人多穿白色僧服，所以俗稱白教。此派支系繁多，最初有香巴噶舉和達波噶舉兩大派，後又分為「四大八小」等分支。噶舉派教義主要講「大印法」，重視密宗修身方法，透過修身而進入「禪定」。噶舉派分佈面廣，歷史上對西藏政治經濟有過重大影響。

格魯派是藏傳佛教中最後興起的一個大教派，形成於十五世紀初。格魯派在發展過程中採用「活佛轉世」制度，逐步形成達賴、班禪兩大活佛世系。清代，在清政府的支持下，這一派成為西藏地方的執政教派。此派勢力強大，寺院眾多，最著名的有甘丹寺、哲蚌寺、色拉寺和扎什倫布寺，為四大根本道場。除此以外，青海塔爾寺、甘肅拉卜楞寺都是此派著名寺院。拉薩的布達拉宮和羅布林卡，是歷代達賴喇嘛駐地。

除此以外，西藏佛教在歷史上還曾有過一些小的派別，如希解派、覺宇派、覺囊派等，但規模和影響都不如上述諸派。

◀ 日喀則扎什倫布寺，是西藏格魯派四大寺之一，始建於明代，是班禪四世以後班禪的宗教和政治活動中心。

▲ 青海西寧市塔爾寺八白塔。 塔爾寺是藏傳佛教格魯派（黃教）創始人宗喀巴誕生地，是黃教著名寺院之一。

宗喀巴對藏傳佛教有何貢獻？

　　宗喀巴是西藏佛教史上的一個重要人物，本名羅桑扎巴。成名後，人們為了表示對他的尊崇，稱他為「宗喀巴」。他所創立的藏傳佛教格魯派，是西藏佛教中勢力最大的一支，後來成了執掌西藏地方政權的教派。

　　宗喀巴少年出家，跟隨噶當派的著名僧人頓珠仁欽學了九年佛經，精通顯密經論。十七歲以後，宗喀巴離開了青海，赴西藏深造。他用了十多年時間，把西藏佛教顯密各派的教法幾乎全部有系統地學了一遍，這為他以後吸取各派教義，實施「宗教改革」打下了基礎。

　　宗喀巴在西藏學習佛教經論和各派教義的同時，逐步形成了自己的宗教思想體系。他以大乘佛教中觀思想為基礎，綜合西藏各教派流行的顯密教法，以噶當派教義為基礎，提出了自己的見

解，開始實行「宗教改革」活動。

　　宗喀巴的宗教改革，是從整頓戒律入手。西藏佛教歷來是傳小乘佛教「說一切有部」律，從宗喀巴開始改授大乘戒律。當時各派戒律廢馳，教風敗壞，特別是一些上層僧侶直接參與掌握政治經濟權力，享有很高的特權。針對這種情況，宗喀巴強調僧侶應嚴格遵守戒律，他規定僧侶嚴禁娶妻生子和參加生產勞動，必須常住寺院，以區別於俗人。他自己身體力行，守戒嚴謹。一三八八年，他改戴黃色僧帽，作為嚴守戒律的標誌，宗喀巴的這些措施，得到了統治者和地方政權的支持。

　　一四〇九年，宗喀巴在拉薩舉行了大規模的「祈願法會」（傳召大會）。這是一次不分教派和地區的全西藏佛教徒大集會。這次大會，奠定了他作為西藏佛教界領袖人物的地位。傳召大會後，宗喀巴在拉薩東修建了甘丹寺。甘丹寺的建立標誌著格魯派的創立。

　　宗喀巴非常重視宗教理論的建樹。他寫了大量的著作和註釋，其中最重要的是《菩提道次第廣論》和《密宗道次第廣論》。這兩部著作以非常有系統的方法論述了他的思想體系，奠定了格魯派的宗教思想基礎。

◀ 宗喀巴本生故事。
▶ 青海塔爾寺內宗喀巴金像。

什麼是活佛，他是如何轉世的？

「活佛」在藏傳佛教中指在宗教修行方面取得相當成就，能夠根據自己的意願而轉世的人。後來一般稱大喇嘛死後，根據轉世制度而取得在寺廟中首領地位的繼承人。「活佛轉世」是藏傳佛教的首領繼承製度。它以佛教的生死輪迴，靈魂轉世的教義為依據，以寺廟經濟關係為基礎。

活佛轉世過程大致是這樣：一個活佛死後，按照他生前提供的線索，或由寺院上層透過占卜、降神等儀式所得出的線索，在指定的範圍內去找尋符合條件的嬰童，而後經過一定的方法，從中選定一個「靈童」，再經過某種宗教儀式加以確認，使他作為去世活佛的轉世，在寺院中繼承原活佛的宗教地位。

活佛轉世制度始於十三世紀「噶舉派」噶瑪噶舉的噶瑪拔希。活佛轉世制度產生之前，西藏佛教各派勢力大多與地方貴族相結合，宗教領袖與世俗貴族結合在一起，按該家族的世系傳承。這樣宗教和政治聯合，它們之間的政治和經濟利益緊密地結合在一起。這是早期西藏社會政教合一普遍採用的一種形式。十三世紀時，噶舉派和薩迦派為了維護各自的利益，互相爭鬥，他們都希望得到元朝統治者的支持。最終，薩迦派的八思巴取得了勝利，成了元朝世祖忽必烈的帝師，薩迦派的勢力也很快增長，噶舉派為了維護自己的利益，以取得政治和宗教更大的權力，便決定採取活佛轉世制度，噶瑪拔希就是第一個得到轉

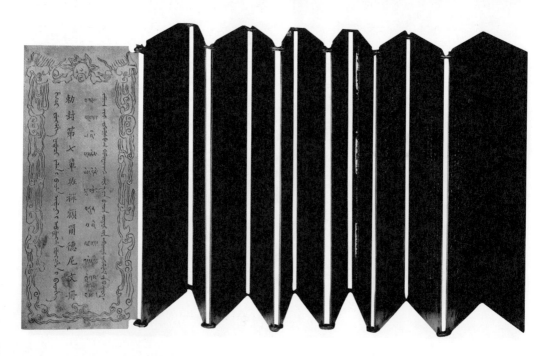

世的活佛，以後噶舉派還形成了紅帽系活佛和黑帽系活佛的轉世系統。

　　但是，藏傳佛教各寺廟廣泛採用活佛轉世制度，還是在宗喀巴創立格魯派以後的事情。格魯派戒律嚴格，嚴禁僧人娶妻，為解決宗教領袖的繼承問題，鞏固和發展以獨立經濟為基礎的寺廟集團，逐步採用了活佛轉世制度。當宗喀巴的再傳弟子根敦嘉措死後，在一五四六年找來了年僅三歲的索南嘉措，作為根敦嘉措的「轉世靈童」，這是格魯派活佛。其後，格魯派形成達賴和班禪兩大活佛系統，轉世制度就被格魯派各大小寺廟普遍採用，形成了許多大大小小的轉世活佛。

　　為了防止上層集團操縱挑選「靈童」，清代曾由中央政府規定用「金瓶掣簽」法選定在理藩院註冊過的大活佛，一般寺廟的活佛喇嘛則可自行尋覓轉世「靈童」。

◀ 清廷冊封第七世班禪金製文冊。
▲ 十世班禪大師生前主持的法會。

達賴和班禪的稱號是怎樣形成的？

　　達賴和班禪是藏傳佛教格魯派的兩大活佛系統的稱號，也是藏傳佛教中影響最大的兩大活佛系統的稱號。在西藏佛教中，達賴喇嘛被看做是觀世音菩薩的化身，因此具有很崇高的地位。在藏傳佛教中，班禪活佛被看做是無量光佛的轉世。

　　「達賴喇嘛」是蒙古語和藏語的合稱。「達賴」意為「大海」，「喇嘛」意為「上師」，達賴喇嘛意思是「智德深廣猶如大海能包容一切的上師」。

　　達賴喇嘛的稱號，並不是從第一世開始就有的，而是始於第三世達賴索南嘉措（一五四三～一五八八年）（西元前二世都是追認的）。索南嘉措出身於堆攏地方一個貴族家庭，祖上歷任地方政權的官職，他的家庭一直是比較有勢力的。一五四六年在他年僅三歲時就被作為根敦嘉措活佛的「轉世靈童」，進入哲蚌寺。西元一五七八年（明萬曆六年），索南嘉措應邀到青海會見蒙古土默特部落首領俺答汗，兩人相見後索南嘉措向土

默特部宣講格魯派教義，勸俺答汗信奉藏傳佛教。出於政治上的需要，他們互相建立了關係，並互贈尊號。索南嘉措贈俺答汗「咱克喇瓦個第徹辰汗」，大意為「聰明智慧的轉輪王」。俺答汗贈索南嘉措的尊號是「聖識一切瓦齊爾達喇達賴喇嘛」，意思是「在顯密兩教方面都取得了最高成就的、學問如大海一樣的超凡人聖的大師」。這就是達賴喇嘛稱號的開端。

　　清順治九年（一六五二年），五世達賴在清順治帝邀請下赴京，受到清政府優厚款待。次年在他返藏途中，順治派人送去金冊金印，封他為「西天大善自在佛所領天下釋教普通瓦赤喇怛喇達賴喇

「嘛」，這個封號的前一半基本上是沿用了明永樂帝冊封噶舉派的得銀協巴為大寶法王時所用，後一部分則是沿用了俺答汗贈給三世達賴索南嘉措的尊號，自此以後達賴喇嘛的封號才正式確定。此後歷世達賴轉世，均須經中央政府冊封，才為有效。

「班禪」是梵語和藏語的合稱，意為「大學者」。以「班禪」作為歷代轉世活佛的稱號出現較晚，形成於十七世紀，是從第四世班禪扎什倫布寺主羅桑卻吉堅贊開始的。

明崇禎十四年（一六四一年），蒙古和碩特部的固始汗率軍進藏，統治了衛、藏地區。為了鞏固他在西藏的統治，於一六四五年贈給羅桑卻吉堅贊「班禪博克多」的稱號，自此以後，原來後藏地區習慣上用來稱呼學問淵博的高僧的「班禪」稱號，才成為歷代轉世活佛的專有稱號。

「博克多」是蒙語，是對智通雙全的英勇人物的尊稱。於是羅桑卻吉堅贊成了四世班禪（西元前三世均為追認）。十八世紀初，由於六世達賴的興廢問題引起了蒙藏地區局勢的動盪，當時統治西藏的蒙古和碩特部落拉藏汗與五世達賴的總管桑結嘉措矛盾激化。一七○五年殺桑結嘉措，次年又廢六世達賴倉央嘉措，另立益西嘉措為六世達賴，遭到各種勢力反對。康熙為了穩定局勢，安定人心，於康熙五十二年（一七一三年），派員入藏，封五世班禪羅桑益西為「班禪額爾德尼」（「額爾德尼」是滿語，意為珍寶），正式確認他的宗教地位。此後歷世班禪必經中央政府冊封才算有效，成為定制。

◀ 西藏拉薩大昭寺金頂上的飾物。
▲ 十世班禪生前在青海塔爾寺為群眾摸頂祈福。

國家圖書館出版品預行編目資料

佛教百科·歷史卷 ／ 業露華 著. —第一版. —臺北市：
知書房，2005〔民94〕
面； 公分. —（佛教百科；01 ）

ISBN 986-7640-93-4（平裝）
1. 佛教 – 問題集
220.22   94014269

佛教百科01

佛教百科·歷史卷

作　　者／業露華
發 行 人／謝俊龍
出　　版／雲龍出版
　　　　　106台北市新生南路三段58號6樓
　　　　　讀者服務部 Tel：(02)2363-7938、2368-4403
　　　　　　　　　　 Fax：(02)2367-5949
　　　　　編　輯　部 Tel：(02)2364-0872
　　　　　　　　　　 Fax：(02)2364-0873
發　　　行／知書房出版社發行部
　　　　　106台北市羅斯福路三段283巷36號B1
　　　　　Tel：(02)2363-7938、2368-4403
　　　　　Fax：(02)2367-5949
排　　版／方野創意(02)2230-8611
製　　版／漢藝有限公司(02)2247-7654
出版日期／2005年9月第一版第一刷
定　　價／380元
郵撥帳號／16039160知書房出版社
網　　站／http://www.clio.com.tw
E－mail／reader@clio.com.tw
※本著作由北京日知經遠圖書有限公司（ 日知图书 www.rzbook.com)授權※
※中文繁體字版權為知書房出版社所有※
※本書如有缺頁、製幀錯誤，請寄回更換※

ISBN 986-7640-93-4　　　　　　　　　Printed in Taiwan

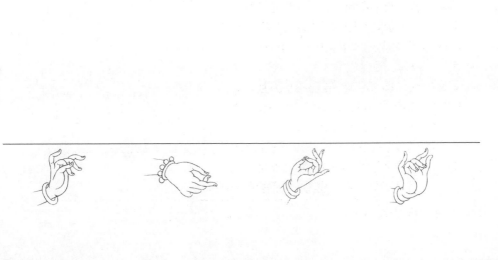

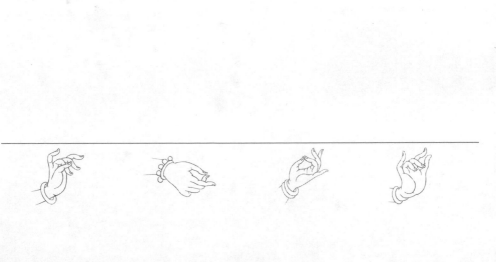